貼近神心意的社群藝術

慶祝並傳承　接觸　指明　連結　分析　激發　改進

Kristin van Lieshout

貼近神心意的
社群藝術
如何共創本土藝術

布萊恩・施拉格 & 茱麗莎・羅文

貼近神心意的社群藝術：如何共創本土藝術

版權所有 © 2023 全球民族敬拜學網絡

保留所有權利。未經出版者事先書面許可，不得以任何形式或任何手段（電子、機械、影印、錄音或其它方式）重製、儲存於檢索系統或傳送，除非與雜誌或報紙的評論相關的簡短引用。如需許可，請發送電子郵件至 permissions@wclbooks.com。

經文引自《聖經・和合本》

威廉凱里出版社出版
10 W. Dry Creek Cir Littleton, CO 80120 | www.missionbooks.org
William Carey Publishing 是 Frontier Ventures 的一個事工
帕薩迪納市，加利福尼亞州 | www.frontierventures.org

譯者：陳露比、東亞民族敬拜學翻譯組（郝克里期多、孔祥寧、吳乙言、潘凱玲）
編者：李巧玲、東亞民族敬拜學翻譯組

封面設計：邁克・里斯特
封面插圖：克里斯汀・範利舒特

ISBN：978-1-64508-372-6（平裝本），978-1-64508-374-0（電子本）

全球印刷
27 26 25 24 23   1 2 3 4 5 6   IN

美國國會圖書館與出版商建檔。

Community Arts for God's Purposes: How to Create Local Artistry Together

Copyright © 2023 by GEN (Global Ethnodoxology Network)

All rights reserved. No part of this book may be reproduced, stored in a retrieval system, or transmitted in any form or by any means—electronic, mechanical, photocopy, recording, or otherwise—without prior written permission of the publisher, except brief quotations used in connection with reviews in magazines or newspapers. For permission, email permissions@wclbooks.com.

All Scripture quotations are from the Holy Bible, Chinese Union Version (CUV).

Published by William Carey Publishing
10 W. Dry Creek Cir, Littleton, CO 80120 | www.missionbooks.org

William Carey Publishing is a ministry of Frontier Ventures
Pasadena, CA | www.frontierventures.org

Translators: Ruby Chen, East Asia Ethnodoxology Translation Team (Crystal H., Dora Kung, Juni Ng, Hoiling Poon)
Chinese Translation Editors: Shirley Li, East Asia Ethnodoxology Translation Team

Cover Design: Mike Riester
Cover art painted by Kristin van Lieshout

ISBN: 978-1-64508-372-6 (Paperback), 978-1-64508-374-0 (E-copy)

Printed Worldwide
27 26 25 24 23   1 2 3 4 5 6   IN

Library of Congress data on file with publisher.

內容

前言 vii
預備你自己 xi

共創本土藝術（CLAT）
第一步：接觸當地群體及其藝術體裁 1
第二步：指明國度目標 7
第三步：連結藝術體裁以達國度目標 15
第四步：分析藝術體裁及其應用場合 19
第五步：激發創意 41
第六步：改進創作成果 49
第七步：慶祝新作品的誕生並推廣傳承 51

關鍵參考資源
一：群體藝術檔案（CAP）大綱 53
二：扼要決策重點 56
三：共創本土藝術（CLAT）概要 57

圖表
圖表一：謹慎的處境化 xiv
圖表二：簡單的藝術接觸活動 xxvii
圖表三：共創本土藝術（CLAT）過程 xxx
圖表四：共創本土藝術（CLAT）概要 xxxiv
圖表五：研究群體：採訪問題樣本 2
圖表六：如何辨識藝術溝通的行為 3
圖表七：藝術體裁對照表（樣本） 4
圖表八：藝術體裁與目標連結的整體情況 16
圖表九：針對錄音與錄影的建議 20
圖表十：適於研究的藝術事件應具備的特徵 ... 21
圖表十一：表演特徵分類 28
圖表十二：設計激發創意活動時應記下的事項 ... 47
圖表十三：有效評估法 50

前言

本手冊在向大眾介紹一個嶄新的概念，比如這裡所羅列的「縱觀要點」，後面的章節當中會對其進行詳細講解。

縱觀要點

藝術創作的體系擁有相互關聯的組成部分：知識、技能、社會形態和不同角色的人們。

語言不能完整描述人們的創意系統。在任何群體中沒有幾個人能夠充分表達他們的創意系統。本手冊會逐步揭開這些創意系統中的動態與細節。

沒有哪種藝術形式是世界通行的。

人們常說：「音樂是一種世界通行的溝通語言」，並且相信這句話是真實的。他們認為音樂在每一種文化中溝通的方式都是一樣。這句話原本出自美國詩人亨利·沃茲沃斯·朗費羅（Henry Wadsworth Longfellow）。朗費羅確實說過：「音樂是人類通用的語言，詩歌韻文是人類共同的消遣和樂趣。」然而，他是在頌揚在義大利、瑞士、蘇格蘭、英語和西班牙語的歌曲中不同類型的音樂風格。顯然他所傳達的是，音樂在每種文化中展現的形式都不同。本手冊會舉例論證這個想法：音樂和其它藝術都是普遍地存在。然而，每種藝術的溝通形式和意義，在不同群體的呈現都不盡相同。

本土創意能帶來外界無法提供的益處。

本土創意帶來很多益處，比如：滲透力更強，關聯性更緊密，記憶更久遠，更能觸及教育和內在動機，並與之互動。

每個群體都能從本土創意中獲益更多。

每個群體都需要更多發揮本土創意。在弱小的語言族群中，許多民族藝術是一潭死水，或瀕臨滅絕，因此，當務之急就是要發揮本土的創意。

某些特定的創作類型可以輔助當地群體實現他們的目標。

本實踐手冊描述了一個七步法則。這種方法被稱作「共創本土藝術」（Creating Local Arts Together，簡稱 CLAT）。在那些實踐這個七步驟的群體，好的事情已經發生。

藝術倡導者能夠透過 CLAT 為本土創意帶來積極的影響。

藝術倡導者可能是群體以內的人，也可能是群體以外的人，或同時兼有這兩種身份。

作為藝術倡導者，首要的工作就是鼓勵其它人創作新的藝術作品。

作為藝術倡導者，應該在群體中保持愛好學習、多與人交談、積極推動和鼓勵人。

先從學習一個群體的藝術體裁開始。

本手冊所有的基礎，都是基於一個群體對所選定的藝術的理解與用途。因此群體的第一個任務就是去羅列當地的藝術體裁清單（第一步中的「初步接觸一個群體的藝術」）。在第四步，你會發現歐美藝術類型中的音樂、舞蹈、戲劇、口頭藝術和視覺藝術，是如何與本土藝術體裁彼此關聯。但是從群體的藝術體裁入手是比從西方的分類入手容易多了。所以，先從本地的分類開始吧！

我們先要理解神宏大的故事——神創造了萬物，人類破壞了與神的關係，但耶穌帶來了天上的國度，神要將一切在新天新地中恢復。這樣才能更好地理解教會在地上的使命。

前言

基督徒群體不能只顧發展自身歷史中所產生的藝術，而是必須意識到神對藝術的心意。他們必須留意在整個神的創造和國度中，藝術所扮演的角色和目的。

哪些人應該使用「共創本土藝術」這方法？

這手冊原是為在跨文化環境下工作的基督徒創建的一套工具。他們可以是宣教士、國際援助工作者及其它人。但是，這裡所介紹的方法也可以應用在不太跨文化的處境中。有一個地方教會的敬拜主領這樣說：「我需要做這事。我需要先去了解我的會眾，這樣我才能鼓勵不同類型的藝術家去為神的心意創作新的東西。」

他的話非常有道理。每個人都代表著他獨一無二的經歷、想法、神經系統連接、體質、情感，以及其它別人無法完全知道的特質。你若想接觸不同的語言、世界觀、地理、飲食習慣、社會形態，則需要費盡心力和學習更多技能。我們會提供嚴謹的學術研究和其它實踐活動來輔助你。

你也可以將這些方法應用在那些跟你志同道合的人身上：你最好的朋友、你的配偶。事實上，你可以跟隨 CLAT 的步驟，在你自己的藝術恩賜和人生目標上學到新的東西。你也可以創作一些藝術作品來改善你的未來。

我們採用的大部分都是跨越巨大文化障礙的人物例子，但請勿讓這阻止你尋找其它的應用方式。

歷史與鳴謝

本書也被稱為《CLAT 手冊精簡版》，因為它的創作核心理念來自兩本手冊：《普世教會的敬拜與使命—民族敬拜手冊》（Worship and Mission for the Global Church: An Ethnodoxology Handbook）；《共創本土藝術：一本輔助群體實現其國度目標的手冊》（Creating Local Arts Together: A Manual to Help Communities Reach Their Kingdom Goals）（William Carey Library, 2013）。許多人為這兩本手冊貢獻了自己的恩賜。《CLAT 手冊精簡版》彙集了這些智慧，強調實用的想法與工具，可以為更大的目標群體所使用。

這本手冊充滿了幾個世紀以來的思想和事件，但它面向的是理解現在。它被一個更好未來的異象—天上的國度—所導向。本書的貢獻者們從民族音樂學、民俗學、表演研究學、人類學、聖經研究學和宣教學等學術領域，歸納

出原則和見解。二千多年教會歷史的藝術貢獻也激發和指引著我們。而近年，我們要歸功給那些把民族音樂理論應用在基督教價值目標的先驅者：維達‧切諾韋思、羅伯塔‧金和湯姆‧阿若薇（Vida Chenoweth, Roberta King, and Tom Avery）。最後，我們要提到羅賓‧哈瑞斯（Robin Harris）和全球民族敬拜學網絡（Global Ethnodoxology Network，簡稱 GEN），他們在本手冊的出版上功不可沒。

這本《CLAT 手冊精簡版》還不盡完美，需要繼續成長與改善。它將在各地孕育出各種形態的新事物。我們會對現有的概要與內容負責，也有責任解釋錯誤和省略了的部分。現在，它在你手中了。你可以拿着它，玩玩它，對它進行補充，或丟棄它的部分內容。現在你有責任使用這本手冊。讓它成為幫助他人在地上創作令人震驚的、又能在天上認出的藝術作品的輔助工具。

布萊恩‧施拉格（Brian Schrag）、茱麗莎‧羅文（Julisa Rowe），2020 年

預備你自己

全世界的
所有藝術
同為神的全部心意

事實 1：放眼世界，人們交流所用的語言多達七千種。這些交流的方式並不拘泥於語言傳達，而且包括許多攜帶藝術色彩的形式，比如歌曲、戲劇、舞蹈、視覺藝術、故事，以及其它特殊形式。

事實 2：所有的群體與神的關係都存在著這樣或那樣的不足，所有的群體都在面臨在社會變革、暴力、疾病、憤怒、性道德、焦慮及懼怕中的掙扎。

事實 3：神賜給了每個群體獨特的藝術交流恩賜來講述真理，回應難題，帶來醫治、盼望、喜樂。然而，許多這樣的恩賜，不是被隱匿或濫用，就是瀕臨滅亡。

本手冊旨在引導你參與一個全新的事實。這個全新的事實就是所有的文化都在運用他們的恩賜，全心全意，全人全力來敬拜神、順服並享受神（可十二30）。簡而言之，本手冊可以幫助你與本地的音樂家、舞蹈家、演員、畫家、雕塑家、說書人及其它類型的藝術工作者同工，也可以激發你創作新的歌曲、舞蹈、戲劇、圖畫、雕刻和故事。它也能夠協助你幫助他人把神的國度帶進他們的群體中。根據藝術可以把我們帶入神國的這個特性，我們可創辦相關的藝術活動。那麼，甚麼是神的國度？耶穌教導祂的跟隨者為神國進入世界禱告（太六10）。祂描繪了國度的中心是關於神和祂的好消息（可一15）。耶穌說神的國度會漸漸長大，但沒有人明白是如何長大的（可四

章）。神的國度包含著許多與人類社會體制迥異的價值觀（可十及十二章；路六章），且伴隨著醫治和屬靈爭戰（路九及十一章）。在世上，神的國度是天國有形有體的反映。神想要我們參與拓展祂在世上的國度。

現在，神的國度僅僅只是部分地存在世上。每個群體中都有更像國度的層面，也有與神毫不相關的層面。總之，人類的文化沒有一個能夠完整地傳達神的國度，但因為神按照自己的形象造了人類，所以有關國度的一瞥依然隨處可見。

一個紮根在國度價值觀和屬靈大能的群體有哪些特點？它包含了一個不斷成長的，按著真理在聖靈裡敬拜的基督徒群體。所有成員都在屬靈上、社會上、心理上更加健康地成長。長輩可以把神反映在他們文化中的部分特性傳遞給年輕的一代。**群體中的每個人都能夠用自己最熟知的語言來準確地理解聖經**。不論男女老少，都謹記聖經的教導並且運用在各自的生命中。公正、誠實、健康、喜樂成為整個群體的標識。此外，群體亦會關懷並愛著那些被邊緣化的人群。

 討論你所見過的能夠展現「在地若天」的作品。

當地可用的藝術交流形式是非常有力的資源。當地的藝術作品深深地鑲嵌進了當地的文化，觸及到社會許多重要的層面，並且從日常活動中篩選並鑒定出重要資訊。當地的藝術作品也能從理性上觸碰到人，同時傳遞情感經歷。當地的藝術作品幫助人們記得他們聽說過的訊息，並且藉助豐富的媒介增強資訊本身的影響力。它濃縮了豐富的資訊，還能連結表演者與經歷者。當地的藝術作品也向社會提供了一個可以接受的框架來表達困難或新鮮的想法。它會啟發和感動人去行動。它可以作為強烈的文化標識。它還為人們打開了想像和夢想之門。然而，最重要的是，當地的藝術交流能夠留存在當地，且被自己人接納和擁有，不再依賴外來的翻譯資源，更讓當地的藝術家也因此得到裝備，來為國度的拓展貢獻自己的一份力量。

 討論你所見過的「藝術溝通的特殊力量」。

我們的方法是輔助你和目標群體共同協作。輔助你們共同決定哪些符合國度的特徵是目標群體想要栽培的。我們會向你展示如何尋找當地藝術體裁，來完成當地群體的國度目標。我們通過本手冊提供了許多活動，輔助你激發使用當地藝術體裁創作的靈感。我們也會向你展示如何與他人一起創作。我們之所以想與他人共同創作，是因為我們想要幫助人們使用他們中間存在的藝術，達成新的目標，我們也期盼這些目標能夠在將來得以繼續。

預備你自己

我們的模式：耶穌生平的三個方面

保羅這樣描述耶穌在地上的事工：

> 「各人看別人比自己強。各人不要單顧自己的事，也要顧別人的事。你們當以基督耶穌的心為心：他本有神的形象，不以自己與神同等為強奪的；反倒虛己，取了奴僕的形象，成為人的樣式；既有人的樣子，就自己卑微，存心順服，以至於死，且死在十字架上。」
>
> 腓二 3 下 -8（和合本）

耶穌的道成肉身向我們從三個方面展示了應當如何開展事工：

1. **與人同在（Be with）**。耶穌離開了與父神同有的「自身文化」，取了人的樣式，來到地上，住進了巴勒斯坦地區。因此，我們領受使命的第一個任務就是去住在群體中間，與他們建立關係。

2. **向人學習（Learn from）**。耶穌住在巴勒斯坦的群體中，並從中學習，大約三十年後，才真正開始祂的事工。作為藝術推動者，我們的第二個互動就是了解當地的群體有哪些藝術與目標。通過向對方學習來體現我們對他們的愛。這個過程整體可能需要花一段很長的時間。

3. **為之努力（Work toward）**。在進入人群並向他們學習三十年後，耶穌才開始公開宣講福音，完成祂的使命（太四 23）。祂和祂的門徒並肩一起為著國度的目標開始努力。

    我們使命的第三步就是去到人群中並向他們學習之後，與他們一起為之努力。作為藝術推動者，我們通過與群體裡的朋友、同工一起探討如何合作，運用他們的藝術來實現他們的國度目標。

當工作變得繁雜時，記得用這三步最基礎的流程作自我提醒。

全部？所有？

「全世界的所有藝術同為神的全部心意」——我們想表達什麼呢？「所有藝術」並不意味著神想要每種藝術形式都以目前的狀態存在於祂的國度。然而，我們想要帶著更多接納地接觸每種藝術。我們不會輕易論斷某種藝術的價值或在神國的用途，只有神能夠。所有的群體和藝術都因為罪而沾染了瑕疵，但是神能救贖一切事物。將藝術融合進入神國的這個過程要求**重新創造**。（見圖表一，這是我們用來評估的流程，稱為「謹慎的處境化」）

例如，在具體的某一群體，在一個特定時間，並不是所有藝術都能同等地去延伸神的目標。某種特定的舞蹈可能與不道德的事情或偶像崇拜有著太強烈的關聯。這個群體中有智慧的信徒可能會覺得，若使用這種舞蹈，會把新信徒拉回到過去的舊行為。雖然我們相信，最終神會為自己的緣故使一切都贖回（太十九 28）。然而，聖靈會指引信徒運用本土智慧，對特定的藝術形式作出取捨。我們不需強求改變。

「全世界的（藝術）」是指千萬種人類的藝術交流方式。人類是有限的，我們並不是與生俱來就能接受陌生的藝術形式。尤其是在認同外來文化中的藝術形式上，我們是有困難的。本手冊的目的之一就是擴張我們的視野，看到所有潛在的資源。我們想更多用神的眼光來看待藝術。

「同為神的全部心意」幫助我們記得，神不會因為我們所劃分的種類，而限制祂對藝術的用途。我們可以在聖經中看到許多有關藝術溝通的境況：集體敬拜、教導、戰爭、慶典、儀式、指正、個人成長、醫治、悔改、記念，以及其它情況的用途。我們創作本手冊就是讓大家進一步思考，藝術在我們所熟知的禮拜儀式之外的用途。

> **謹慎的處境化（Careful Contextualisation）**[1]
> 若要將聖經應用在某種文化的具體藝術形式上，我們就必須尋求從聖靈而來的智慧。下面的方法步驟都是歷經許多禱告而來的。
> 1. 收集資料：從當地群體並與當地人一起收集他們的藝術形式及其現有的意義。
> 2. 研習聖經教導：跟當地人一起討論研究他們的藝術形態，學習聖經的有關教導與原則。
> 3. 評估：在相關聖經教導的指引下，跟當地人一起評估當地藝術形式的意義。
> 4. 鼓勵本地人：根據他們在此過程中所學的，對藝術形式作出取捨，或者為創作合適的、本色化的實踐而對藝術形式進行改變。

圖表一：謹慎的處境化

什麼是藝術？

在本手冊中，我們把藝術看作一種特殊的溝通方式。正如所有溝通體系一樣，藝術也與特定的時間、地點、社會形態密切相關。每種藝術都擁有自己的象

---

[1] 原來的名稱為 "critical contextualization,"見：Paul G. Hiebert, *Anthropological Insights for Missionaries* (Grand Rapids, MI: Baker Book House Co., 1985), 183-92.

預備你自己

徵符號、語言規範及內在結構，而學習藝術就像學一門新的語言一樣。比如，在泰國的舞蹈表演中，一個舞者必須學會通過舞動自己的胳膊、脖子和眉毛來講故事。但在其它文化中，舞動胳膊、脖子和眉毛對於講述故事時並非同等重要。沒有哪種藝術語言能夠精確地跨越時空和文化。想要更加認識藝術形式，我們就必須與其實踐者進行溝通和學習。因此，認識當地的藝術家和他們的藝術作品，是我們首要的工作。

但是藝術形式的溝通與其它類型的溝通也有所不同，具體體現在以下幾個重要的層面。首先，藝術溝通比日常互動更強調如何充分運用它的形式。例如，詩歌演講可能依賴某種音律或思維模式：押韻、諧音和比喻等修辭手法，但通常情況下的資訊交流並不會涉及依賴這些模式。一群人圍圈打鼓時，如何踩著節拍舞動，與藝術的形態有關。但若是平時走路，從一個地方走到另一個地方則不會涉及這些。同樣，採用某個神話人物的面部表情可能需要透過藝術模式來表達，而讓一個人保持面部放鬆，卻不需要使用這種模式。

其次，藝術在有限的日常互動中展示了它的獨特性。藝術事件都有始有終（無論它如何流動），而在這始與終之間，人們會用特別的方式進行互動。民族音樂學家路德・思彤（Ruth Stone）這樣描述：「藝術事件是參與者從自然生活常態出發，同時又從日常生活中區別開來。」[2]

在本手冊裡，我們會幫助你運用不同的特質去發現藝術溝通並對其進行描述，我們也會幫助你去發現你所進入群體的藝術溝通方式，包括自己土生土長的群體。我們設定寬廣的規範，盡量不錯過任何還不屬於我們現存的類別、但卻重要的溝通形式。我們界定為藝術行為的活動，可以是西班牙的弗拉明戈音樂會、百老匯的音樂劇綵排、咖啡廳的某個框畫、父親對女兒所說的某句諺語，某種墓地的哀悼旋律。放眼全世界，人們所使用的藝術溝通方式數以萬計。然而，這個世界常常低估了這些令人驚訝的資源。

 討論你所在群體中一些可能是外來者不能理解的藝術事例。

藝術和文化如何互動？

藝術不僅反映文化，也影響著文化。藝術溝通也同樣反映了文化的其它方面與形態，藝術是與生命緊緊編織在一起的。比如，巴布亞紐幾內亞的卡露力族（Kaluli），社群成員會使用一個「此起彼伏的疊音」（lift-up-over-sounding）的比喻。這個比喻應用在他們生活的諸多方面。這個想法就是他們音樂製作

---

[2] Ruth Stone, "Communication and Interaction Processes in Music Events among the Kpelle of Liberia" (PhD diss., Indiana University, 1979), 37.

的基礎。兩個歌手輪流作主唱，發出聲部交織的聲音。一個相似的現象也出現在卡露力族的談話中。人們「打斷」彼此，他們也是在一起進行「此起彼伏的疊音」的共同創作。在這個例子中，音樂的形式反映了普遍的卡露力族溝通模式[3]。

藝術溝通也可以改變文化。它具有獨特的能力，會激發人去行動，也可以喚起大家團結的心。在意見分歧時，它也能提供社會可接受的異議空間。這裡的事例是來自非洲南部的一個非洲使徒教會，在敬拜環節中，女人可以表達對男人的埋怨。她們原本是不允許在會眾面前講道的，但是女人們可以用一首歌來打斷講道。那首歌的歌詞可能包含類似的語句：「男人們，停止毆打你們的妻子吧！只有這樣你們才能去到天堂。」當女人以領唱詩歌來表達批判時，這種藝術形式對她們所表達的內容具有象徵意義上的保護作用。[4] 在這樣的情況下，藝術溝通就有改變文化中其它部分的能力。藝術也可以鞏固權力機構，關於清晰展現這點的事例就是國歌，國歌就是用藝術溝通的手段來鞏固權力機構。

什麼是創意 / 創造力？

本手冊的目的就是為了激發你的藝術創造力，以致能支援拓展神的國度。理解創意是如何起作用是極為重要的。我們這樣描述它：當一個或多個人在一起創作新的事件或增進溝通的作品時，藝術創造力就出現了。新的作品在之前不具備特定的形式。創作人運用自己的技能、文化的社會形態、象徵性的體系來進行創作任務。新的事件和創作會按照它的基礎元素和原創程度，而有不同的新穎性。每種文化都有各自對待新穎之事的獨特方式。

若要理解在一個特定文化中如何創作，首先要尋找創作人。同時，發掘他們創作新事物時所需的技能、知識、手藝。若要讓所創作的作品進入社會生活，作品必須被把關人接受。一個群體中的把關人，就是那些能夠強烈影響新創作是否會被接納的人。同時，去發現新創作會遇到哪些文化習俗和限制。哪些人在影響著一個族群的價值觀、學習方式及新創作事物的傳遞？

我們對傳統的理解也至關重要，因為這是引我們通向創意的路徑。傳統不是一套固定的思想或行為體系，而是一個人持續地將傳統傳遞給下一個人，一代人也持續地把傳統傳遞給下一代。每個傳遞行為都帶來或小或大的改變。本手冊會幫助你與當地群體中的創作人並肩同行，並激發你創建可能會鑄就為永久傳統的藝術活動。當人們積極主動地去傳遞時，傳統就能得以存活。

---

[3] Steven Feld, "Sound Structure as Social Structure," *Ethnomusicology* 28, no. 3 (1984): 383–409.
[4] Bennetta Jules-Rosette, "Ecstatic Singing: Music and Social Integration in an African Church," in *More than Drumming: Essays on African and Afro-Latin American Music and Musicians*, ed. Irene V. Jackson (Westport, CT: Greenwood, 1985), 119–44.

預備你自己

當社會結構和資源支持人們的創意時，人們就會變得積極主動。食物歷史學家約翰·艾吉（John Edge）說過：「傳統就是成功的創新。」[5]

每一位為本手冊貢獻過的人，都認識一些特別有天賦又能夠給我們靈感、激勵我們的藝術家。有時有天賦的個體看待世界的方式也是不同的。有時他們感到必須要做一些事情來從根本上改變傳統，而改變傳統的人會改變標準。我們想要鼓勵標準的改變者能夠為神和神的國度而創作。為神創作會提高他們所能付出的貢獻和輸出的創意，因為這些能將他們與終極的創造者深深地連結在一起。但是，在本手冊中我們所關注的是：創意是一個集體性的活動。我們強調每個人所貢獻的創意。請思考下面的信念：

---

[5] John T. Edge, Twitter post, February 12, 2010, 6:49 a.m., http://twitter.com/johntedge/status/9009036481.

起初，神創造了：
- 天和地，
- 白晝和黑夜，
- 水和土壤，
- 植物和動物，
- 男人和女人。

神從無到有（ex nihilo）去創造。
原本沒有，現在有了。
一切都甚好。
神以祂的形象造了我們。
我們反映神形象的一種方式，體現在我們對創造的渴望和能力。

我們創作了：
- 城市和水壩，
- 房屋和商舖，
- 服飾和傢俱，
- 故事和歌曲，舞蹈和面具。

我們從神的創造中（ex creatio）創作：
- 每次我們寫信或發郵件的時候，
- 當我們問候或安慰他人的時候，
- 當我們做飯、玩遊戲或跳舞時，
- 當我們畫肖像或素描卡通時。

每次當我們用之前不存在的方式做某些事情時，
目的和內容也不是重複之前的⋯⋯我們的行為就是與神相似的。

但愛激勵我們採取下一步，去：
- 使兒女和兄弟姊妹作主的門徒，
- 委託他人寫歌或詩，或手工製作椅子，
- 幫助一個人將聖經翻譯成他們的語言，
- 為一個難民教學，
- 養育一個孩子。

每次我們鼓舞或預備其它人創作時，我們就是在行使其中一種至高的，最能帶給人滿足和不止息之愛的行動。

我們不是神，但是藉著我們所湧流出來的創意，
我們知道，我們像祂。

預備你自己

1. 列出幾個你曾經表現過自己創意的事例。
2. 列出幾個你曾幫助其它人發揮創意的事例。
3. 討論神創造其它事物的一些事例。

我們要鼓勵哪些人？

世上大多數人都能說多於一種的語言。除此之外，他們還可以表演和體驗音樂、舞蹈、故事，還有從各樣傳統和地理而來的其它藝術。每個群體都有其獨特的藝術活動，是結合地方性、區域性、國家性與國際化的變化。每個群體中的獨立個體也有自己獨特的，混合了地方性、區域性、國家性與國際化的藝術活動。你如何知道從哪裡切入呢？答案取決於兩方面：你的群體在教會歷史上的傳播（宣教）扮演著什麼角色？你個人特殊的呼召是什麼？

藝術在宣教中的三種模式

根據歷史而言，基督徒傳播信仰的模式有以下三種：

1. 帶進—教導（Bring it-Teach it）
2. 建造新橋樑（Build New Bridges）
3. 尋找—鼓勵（Find it-Encourage it）

儘管這三種方式截然不同，它們仍然錯綜複雜地互相影響。

1. 帶進—教導

那些以「帶進—教導」的框架來從事跨文化工作的人，會把自己的藝術帶入教導給另一個社群的人們。實際上，他們是把一個外來的藝術形式教導給當地群體。縱觀教會歷史，跨文化工人都在實踐這種方式。甚至到今天，仍然還在繼續。在我抵達偏遠的剛果民主共和國一週之後，我就能哼唱讚美詩 "Ekangeneli Na Yesu"。這是以前的宣教士們用林加拉語寫了歌詞，配合西方的歌曲 "Auld Lang Syne" 的音調，創作出 "Ekangeneli Na Yesu" 這首詩歌。

「帶進—教導」的模式所帶來的結果，就是全世界各地的人們可以統一使用共同的藝術語言。有時也會帶來令人喜悅和滿足的文化融合，也能夠在敬拜神時帶來一種神秘感。然而，「帶進—教導」的模式也有一些頻繁而危險的弊端。比如，它常常會導致情緒和資訊上的誤解，群體也會覺得神是外來的；當地的藝術家會因此感到被排除在外或士氣低落，當地的群體感到基督教是與自己不相關的。也因為如此，國度的多樣性就被弱化了。

2. 建造新橋樑

那些使用「建造新橋樑」的模式來與人連結的人們，會先學習對方社群的藝術，以此知道如何有效地把當地的藝術運用在自己的事工裡。比如，藝術治療師曾使用當地的資源或者歌曲來引導遭受磨難的孩子們走上了醫治之旅。「建造新橋樑」也可以包括邀請來自不同文化的藝術家們為了共同目的而一起合作。因此，這樣創作而來的作品通常包含超過一種的文化特徵。

「建造新橋樑」的方式通常在短時間內就能取得第一步的成果。這在經歷創傷的群體中非常實用，受創傷的群體通常也沒有精力和資源來完成自我的藝術表達。「建造新橋樑」對沒有資源的群體可以說是不二的選擇。它可以促進健康的相互依賴關係，讓每個人都能平等地分享自己的藝術。然而，當跨文化工作者與所在群體中的藝術家們之間的權力存在重要差異時，問題就出現了。作為一個社會地位更高的外來者，可能會削減當地藝術家的勇氣和決心。新建造的橋樑也有可能是無法持續的。新型合作的藝術作品若沒有深深紮根在當地的傳統和社會體系上，就會慢慢褪色消逝。

3. 尋找—鼓勵

「尋找—鼓勵」這方法，就是跨文化工作者去學習和了解當地的藝術家和他們的藝術作品。他們用不同方式去鼓勵藝術家們用自己最拿手的藝術形式進行創作。你可以認為這樣的工作者其實是他人創意的擁護者。他們的角色是協助生產新的作品，好讓新的作品自然地從群體中流淌出來。相較於前兩種方法，這種方法通常要求與當地人建立更為長期的關係，而且能夠持續委身學習。

這三種方法都是有瑕疵的，帶有地上不完美的特性。然而，《共創本土藝術》是為那些主要使用第三種方法來工作的人而寫。我們這樣做有兩個原因。第一，我們視耶穌為我們首要的榜樣。作為國度的王，祂離開了天國的文化成為人的樣式。祂學習走路、說話、唱歌、像地上的人一樣穿戴，在少數民族的社會裡生活近三十年。然後，祂才進入自己的全職事奉時期（腓二章）。像耶穌一樣，我們應該與當地人同住，向他們學習，並且回饋他們。第二，我們相信教會在自己的事工策略當中普遍地忽視了這個方法。這樣忽視的後果往往帶來悲劇。

 討論你所見過使用這三種方法傳揚神國度的事例：帶進式教導；建造新橋樑；尋找並鼓勵。

預備你自己

你的呼召

如何在一個群體中投資你有限的恩賜、時間與精力呢？我們建議你用下面三個標準來幫助你做決定。

首先，求神把祂在動工的地方顯明給你。記得祂的聲音可能不是最大的，或是最明顯的。

第二，與群體中的一些成員一起進入探索的過程。與他人一起的時候，你會更明白從哪裡入手，以及如何去做。你的個人背景，以及本手冊所提議的方法，都會讓你擁有寶貴的知識和經驗。如果你已經順服在一個當地人帶領的決策過程，不要害怕謙卑地表達自己真實的想法。

第三，要特別留心那些能夠表達古老的、地理特色或民族傳統的當地藝術家們。我們鼓勵專注當地藝術家們，是因為他們擁有獨一無二的技能和知識，而在許多地方他們的技能和知識是瀕臨滅絕的。為了能使其興旺，群體創作需要深深紮根於傳統，也要融合創新。我們對當地藝術作品的定義是：一種社群內部可以創作、表演、教導並理解的藝術溝通形式。理解則包含著懂得藝術形式、意義、語言和所適用的社會狀況（社交場合）。

許多群體透過媒體和面對面的互動來建立連結。成員們通過各自的喜好彼此相遇；然而，他們的接觸是發生在社會、金融、教會、和其它地方性或全球性所影響的處境中。人們是多語言、多文化、多藝術形式的。在一個有國度標識的群體中，是有成員思考每種藝術溝通的價值觀和目的的。他們工作的方向是結合榮耀神的目的和價值觀。

1. 討論神可能在你所在的群體中作工的獨特方式。
2. 討論神在你裡面所培養的特殊恩賜、技能與經驗。
3. 討論你如何看待神要你去接觸你所在群體的古老傳統。

是誰？要做什麼？

藝術的倡導者，本手冊是為你而寫的。你想幫助一個群體的成員、或你自己群體的成員，將藝術的行為更徹底地融入他們的生活。你想讓他們近期、長遠的未來都更加美好，那麼，你的主要工作就是幫助他人用他們已經知道的藝術體裁去創作新事物。如果你是一個藝術家，你也許需要去找到一個可以表達自己恩賜的途徑。表達你自己的恩賜是極其美好的。然而，你首要的工作是幫助他人去創作新的藝術作品。本手冊會協助你去輔助他人。

貼近神心意的社群藝術

共創藝術作品的整個過程，要求人們具備許多不同的能力、知識和技能。以下是所需具備的一些技能：

- 藝術感知的能力
- 研究文化的能力
- 與當地區域性、國家性的群體建立關係的能力
- 組織和規劃的能力
- 在不同場合中與人溝通的能力
- 錄製和創作相關技術的能力

沒有一個人具備「共創本土藝術」所需的一切技能。這也是為什麼我們在本手冊中不斷地使用「一起」和「我們」這樣的複數用字。我們將引導你完成所需要的步驟，但我們不規定誰應該做什麼。

我們心中有兩種藝術倡導者。第一種是想長期花時間牧養目標群體的人，他們想要一個能帶領他們開展、計劃和實施當地藝術的指引。我們期待他們最終能夠使用本手冊中的大部分內容。其它則是只能投入有限的時間與精力去堅固目標社群中的藝術家。他們可以略讀本手冊，發現對自己有用的東西。我們也在本章的結尾「如果你沒有太多的時間」的部分列出了幾個節省時間的建議。我們寫這本手冊時，主要是針對跨文化工作者的需要，但這對想要在自己群體中做事的人也是有益處的。

無論你屬於哪個類別，我們的目標都是輔助你把藝術溝通的方式融入到一個群體的生活中。我們假設你已經有一起共事的人或機構支援你做這些。參與者及機構也已經具備了在某個環境中為神的心意而工作的基本技能、資源和知識。比如，我們的指導不包括你是否應該幫助開始一個識字計劃，也不會指導該如何製作一個初級入門讀物。但我們會展示如何使用當地的歌詞藝術體裁來輔助教學閱讀；也會演示當地的舞蹈在激發人們學習閱讀上怎樣扮演重要的角色。我們提供工具去理解當地的視覺圖樣，以便運用到初階繪畫中。另一個例子是，我們雖然不會為建立新教會而發展一個神學框架或方法論，但我們會帶領你去了解當地藝術家。我們會協助你將他們的見識與技能融入到植堂工作中。

如果你對這個群體是陌生的，你可能還沒有以他們的藝術體裁去創作新作品的技能。你對創作過程的貢獻更可能是輔助群體成員找到創作的動機。也許你可以策劃活動或環境，讓懷有技能的人才進行創作。也許你也可以幫助這個群體去審校他們所創作的作品。你可以幫助人們將新的、更長遠的創意融入他們的生活。你也可能很好地掌握某種藝術傳統，並且能夠用它來創作。

最終,你的學習可以對群體成員的創作動機[6]產生深遠的影響。更重要的是,我們想輔助你進入群體,與人建立關係。我們希望你和當地人的關係,會使當地的藝術家創作出新的藝術體裁的作品。我們期待新的作品能夠加強深化神的國度。

1. 你有哪些經歷和恩賜可以應用到這個過程當中?
2. 有哪些經歷和恩賜是需要從其它人而來?
3. 你在「共創本土藝術」的過程中的角色是什麼?

如何使用本手冊

活學活用

我們把「共創本土藝術」的過程整理成七個步驟,是因為每一步驟有邏輯上的次序。然而在一般情況下,這些步驟不會按照這個特定的次序。而且事實上,實踐每個步驟的過程裡,都可能會讓我們發現需要更多實踐其它幾個步驟。比如說,要**改進**新寫的故事,群體的成員可能需要返回做更多研究有關當地美好故事的詩歌類型特徵。這就可能要作一些**分析**步驟的活動。理想情況是你和群體成員一起,嘗試新的想法,然後在過程中學習:在行動中反思,在反思中行動。這樣的模式會不斷促進創意健康生長。你可以把這些步驟看作是可靠堅固的工作框架,而非不能改變的定律。此外,你可以把這些步驟看成是提高成功的可能性所需的七種談話類型。

另一個有關步驟順序的提醒是,有些步驟包含著其它步驟的元素。最重要的是,你在第五個步驟為創作新作品激發培育的活動,其實是把好幾個步驟捆在一起進行的。比如,一個依據聖經的婚姻觀來編製衣服的工作坊,可能包括了**分析、激發、改進**和**推廣傳承**。我們所強調的不是墨守成規去清楚定義或要求分開每一個步驟,而是如何幫助群體成員,確保他們在自己生活大圖畫的某處納入每個所需的元素。請參閱《民族敬拜手冊》,在網站上獲取更多的資源(www.ethnodoxologyhandbook.com)。

本手冊的特點

縱觀整本手冊,你會看到一些「初步接觸」的活動。藝術溝通是無比錯綜複雜的,所以有時候你可能會感覺分析是無從開始的。我們設計了「初步接觸」的工具,可以幫助你迅速知曉哪些重要的元素是需要考慮的。之後,我們會

---

[6] Read about Tom Avery's work with the Canela people of Brazil in *Worship and Mission for the Global Church: An Ethnodoxology Handbook* (2013, William Carey Library), Jack Popjes, "Now We Can Speak to God—in Song," chpt. 73.

指引你深究下去。

你可能也注意到有的內容是帶標註和格式的。以下圖案意味著下面的內容是一個你可以執行的活動。

有灰底色的方塊內容，是標註著你可能會重複參考的關鍵資料。

一些建議和鼓勵

與領袖們一起討論「共創本土藝術」

你應該與你所聯絡到的能夠代表群體的領袖們一起討論 CLAT。如果你屬於跟這群體合作的外部機構，所有參與的領袖們必須理解本手冊所描述的目標和程序。也許，你可以安排一個特別的會議來解釋 CLAT 的程序。

隨時隨地研究

深入認識一個人是發自愛心的根本行動。這在你所做的一切成就上都是必須的。因此，當你不知道如何去做的時候，就去詢問探索、練習舞蹈，或者觀察一個活動。這些事情都會幫助你學習。研究等於學習等於愛。當我們去研究一個群體的時候，我們就會去學習了解他們。當我們學習了解一個群體的時候，我們就在向他們展現愛。

有時候你的研究會把你帶到那些抵觸你的基督信仰的信念和做法。在這類情況下，採用「暫時終止懷疑信仰」的態度。不要做那些違背上帝要你做的事情。同時，嘗試先認可（不等如贊同）你的朋友。這種情況非常棘手，所以要熱切地禱告。

建立關係幾乎是一切的一切

我們首先要以人為本。我們不想僅僅為了能學習他人的藝術形式而去建立關係！在做一些事情前，我們要先得到授權，要先賺得詢問問題的權利和機會。尊重當地對你所做事情上的限制（比如，如果你是男性就不能研究女性成人禮）。大多時候，你在關係上態度真摯、懂得互惠，會帶你進入到對方的生命。有的時候其它人與這群體建立的關係，會幫助你在該群體中建立起你自己的人脈。無論是哪種情況，總要記得我們雖然深切地關心著人們的藝術生

活,但是我們所強調的首要部分是人。

如果有人不樂意接受呢?

即使你謙卑、恭敬及徹底地照本手冊做了一切預備(沒有人可以完全做到),但你依然很快就會遇到阻力。阻力的來源可能有許多。一個群體可能對藝術家的評價很低。神學上或意識形態上的爭論可能與某些情形下去用某種藝術種類是相互對立的。之前有關藝術方面嘗試的負面經歷可能也會製造負面的感受。阻力也可能來自傳統中長期存在的慣性。對藝術溝通缺乏欣賞、忽視它的重要性及潛在的變革都會帶來負面影響。我們在群體中所採用的共同創作法,應該能夠緩和許多這樣的情形,但並不能從根本上挪走所有問題。以下的一點建議也許可以指引你更通暢、更和平地前行。

首先,要為你和你一起同工的藝術家們禱告,愛、保護和鼓勵他們。每當他們為公共空間創造一些東西時,他們就容易受到負面文化力量的影響。其次,盡可能通過現有的權力組織工作。這可能並不總是有效的,因為藝術有時會向權力展示令人不安的真相。然而,如果群體領袖願意聆聽,可持續發展會帶來很多好處。第三,你可能想從一個試點項目開始。為了國度的心意,協助創作一些有關當地藝術體裁的作品,然後把它們呈現給群體的領袖,而所呈現的作品可能是打開進一步創造力之門的關鍵一步。第四,在你的人際關係中既討人喜歡又堅持不懈。第五,不要害怕嘗試和失敗。培養你的謙遜,要知道神對你和群體的計劃永遠不會完全符合你的想法。最後第六點,常常與神交談,祂會告知你需要知道的,因為這是祂的國度。記得:「你們中間若有缺少智慧的,應當求那厚賜與眾人、也不斥責人的神,主就必賜給他。」(雅一5)

盡可能幫助領袖們在藝術方面做規劃

許多群體和機構沒有將自己的藝術形式轉化成作品,其中最普遍的原因是他們對這方面毫無規劃。你可以幫助他們解決這個問題。你可以學習教會、非盈利機構和其它與群體互動的領袖們做出決定的過程,然後,親切地要求在關鍵時刻以適當的方式加入這些過程。好好地預備自己,準備好就人們如何使用自己群體的巨大資源來實現目標提供具體建議。

規劃對於將國度創意的創作長期融入群體非常重要。事實上,我們「共創本土藝術」的七個步驟本身也是構成一個規劃方法。你可以把七步法的原則和其它方法直接聯繫起來。若你與某個機構合作,他可能已經採用了一套特定的規劃系統。如果你是這樣,請把我們在本手冊中開發的詞彙也套用在這些

系統中，然後在交談時使用他們的詞彙。

要提醒的是，無論你和群體規劃多少，神作工的方式常常是出人意外的。你可以做計劃，但要注意有些個別的人或群體可能會有出人意外的反應，而神正透過這些事情在工作。享受這些驚喜吧。

你無法做盡所有，但你能做得足夠

自從人類存在以來，人們一直在以驚人的方式將藝術融入到自己的群體。他們並沒有本手冊的指導。有時，不論是個人還是群體在創作藝術時，心中都沒有明確的目標，只因為簡單的一句話：「我真的想要／需要做這個！」有時這些藝術作品以完全不可預測和積極的方式傳播和活躍了神的國度。因此你可不必做這些。

不過，大多數的群體都能從本手冊中得到益處。每個群體和它的藝術溝通形式都代表著深不可測的複雜性和多樣性。即使是最有成就的藝術大師也依然有可提升的空間。不單如此，群體的外部社會環境在不斷變化。有時，這些變化也可能是很巨大的。總之，你無法完全履行本手冊中所描述的所有活動。你若專注研究某一種藝術形式，時間可能都不夠用。因此你沒有可能去做盡所有事。

但你可以做得足夠。

民族音樂學、表演研究、人類學、語言學、宣教學、神經科學，這些領域的學術見解已經表明我們是可以理解人類藝術溝通的重要形式。神看待祂最終的國度是包括每個語言和每個國家的（啟七章）。我們的確可以了解彼此。然而，因為群體的複雜性，我們的互動更像是探索和冒險，而非科學過程。使用本手冊來加深和拓寬你對神國度中藝術溝通的理解，但不要嘗試做所有事情，只是探索那些看起來最相關和最有成效的部分。

如果你沒有太多的時間

你可能並沒有時間和資源來委身實踐本手冊中所有的過程，也許你不確定如何開始入手。這個簡短的部分涵蓋了一些對於不需要花太多時間來預備的藝術活動的建議。這些活動可以幫助你開始，也鼓勵你在有時間的情況下，更多地實踐這些活動。所有對藝術的探索和付出都是不會枉費的。

剛開始的時候，你可以尋找你與當地藝術家的自然連繫。你可能會對某種特別的藝術形式非常著迷，你就是喜歡它。你可能已經具備了某種藝術形式相

預備你自己

關的經驗和技能，比如舞蹈和編織。你也可能已經與某種藝術形式的實踐者具備了親密的關係。無論是哪種情況，記得你最終是想了解和鼓勵參與當地藝術的人。尋找各樣的方法來建立關係。如果你只能做一件事情，那就去找一個藝術家教你一些什麼。

簡單的藝術接觸活動

- 列舉一個當地藝術形式的清單，使用在第一步中「初步接觸一個群體的藝術」的活動。
- 參與藝術活動，簡潔地記錄過程。
- 收集樂器種類。
- 抄錄歌曲的內容。
- 與藝術家們一起學習語言和文化。與他們一起共度閒暇社交時光。
- 根據歌曲的種類、創作者、村莊的活動形式或箴言，來製作有關藝術形式的音訊或視頻的系統記錄。
- 學會用當地的藝術體裁來演奏一種樂器，唱歌或跳舞、表演或編織、或者講故事。
- 跟當地的朋友或同事一起討論這些事情：
  - 這些群體中的藝術創作起源來自哪裡？哪些人創造了人們所使用的藝術形式？
  - 人們對從事當地相關藝術形式的人員整體上持有什麼態度？積極的還是消極的？
  - 哪些表演部分具有特殊象徵意義或重要性？比如：顏色、形態、樂器或服裝？
  - 現在人們對當地藝術形式的使用方式和過去有什麼不同？現在年輕人還在學習這些嗎？如何成為這方面的專家？
  - 有哪種藝術形式只能是男人或女人、或孩子才能做的？
  - 當人們跟當地某種藝術形式產生關聯時，會有怎樣的感受？他們會感到進入了前所未有的狂喜狀態嗎？
  - 當地的藝術形式是如何與宗教信仰產生關聯的？
  - 哪種展現當地文化的藝術作品目前沒有用來敬拜神？為什麼？神為了自己國度的心意，可能通過怎樣的方式來將其贖回呢？

圖表二：簡單的藝術接觸活動

基本動機：分辨天堂和地獄的指示

我們引用了神國度的標識作為使用本手冊的主要動機。我們想要來自各地屬神的子民能夠使用藝術的方式，帶來更多有關天國在地上的確據。然而，到目前為止，我們基本還沒提到神的國度在群體中的第一個標識：第一個標識就是每個人存在的事實。神用自己的形象創造了人，每個小孩、女人、男人都是指向神家的事實。這個根本的標識應該對我們的工作產生怎樣的影響？

問題的答案取決於我們所相信，永恆以兩種截然不同的形式存在：天堂和地獄。天堂是有關三位一體的神—天父、耶穌、聖靈，這一切都很美好。地獄則是關於撒但，這一切都是邪惡的。在地上，這些事實變得複雜和混亂。阿道夫希特勒（Adolph Hitler）很聰明地發展了自己雄辯的才能。他的演講滿有活力又有快感，刺激又能煽動人心，他的創意技能只能隱約反映神的創意。然而他以暴力的方式使用他的恩賜，造成恐懼、令人失望、陷入絕望和痛苦。這些負面影響反映的是撒但殘忍的慾望。我們相信天堂和地獄的事，無論是在地上還是將來都超越了我們想像的極限。

這些真相給了我們一些功課。首先，我們必須看待每一個人所擁有的恩賜是有無限價值的。一個經常旅行的人，有時候也會發現新的服裝、髮型、膚色、聲音、氣味的刺激會引發他心中的負面反應。當這些發生時，他可以重複提醒自己：「神的形象！神的形象！」每個人都帶著神的標記。因此，我們待人首要的態度應該是慷慨又謙卑的，我們應該期待美善。第二，我們應該按照聖經，用默觀和想像，去認識天堂和地獄。當我們在身體、智力和情感上更多了解這些現實時，我們就更加懂得分辨。第三，我們不能只相信地上的痛苦和喜樂就是世上的全部。否則，我們就只是安於緩解飢餓。我們也可能因此不再去關心他人是否能與創造糧食的主連結，從祂的糧食裡得著滿足。

最後，我們應該鼓勵國度標識的所有類型都能夠廣為人知。它們的屬性都是美善的。但是我們不能忘記人們需要知道一切美善事物的源頭：天父—耶穌—聖靈。我們可以祈求神培養我們對天堂和地獄的認知。這兩方面都能給我們極大的動力。

預備你自己

 花時間為下面的主題禱告。如果可能，使用藝術語言：繪畫、素描、舞蹈、表演、唱歌、講故事或你知道的其它形式來禱告。

 聆聽神與回應神。向神訴說在這些討論當中讓你最興奮的部分，然後也訴說你最害怕和擔心的部分。

回想你生命中哪些重要時刻或事件把你帶到如今的境況，尤其是它會影響你對天國藝術的參與。

「共創本土藝術」（CLAT）的方法

圖表三代表的方法，就是本手冊即將帶領你和一個群體所要經歷的過程。這種方法也是一個持續不斷地共同研究和創作的過程，最終的目的是創造出更多關於國度的標識。我們稱這個過程為「共創本土藝術」。下面位於圖表三中心的人們，代表著在演繹某種藝術事件的群體成員。

這個事件是整個過程的中心，它是用來確保目標群體的努力是與當地的現實直接接軌的。群體成員了解這些藝術家及其所在場合中的藝術作品，而這個藝術事件則是下面七個步驟所關注的焦點：

1. **接觸** 當地群體及其藝術體裁
2. **指明** 國度目標
3. **連結** 藝術體裁以達國度目標
4. **分析** 藝術體裁及其應用場合
5. **激發** 創意
6. **改進** 創作成果
7. **慶祝** 新作品的誕生並推廣 **傳承**

最後，整個過程中，在圖表中心的人們所代表和強調的是：學習和愛的態度應該滲透在你所作的每一件事上，並且賦予你力量。事實上，你可以將這七個步驟看作成七種談話。從根本上來說，本手冊就是輔助他人來創作新的藝術事物。

圖表三：共創本土藝術（CLAT）過程

我們現在想要預備你走進「共創本土藝術」的過程。我們首先會用一個簡短的故事來介紹每一個步驟。在九零年代初期，布萊恩・施拉格（Brian Schrag）和他的家人住在剛果民主共和國的北部（當時的扎伊爾共和國）。施拉格夫婦幫助一個群體將聖經翻譯成當地的 Mono 語。布萊恩首先會對共創過程的每個部分進行描述，之後再對每一個部分是如何融入 Mono 群體的共創本土藝術過程進行解釋。

第一步：接觸當地群體及其藝術體裁

接觸的部分包括了解一個群體的基礎資訊。首先，接觸意味著與不同的人打交道。其次才是逐一列出貫穿在社群中的藝術種類。

接觸莫諾族（Mono People）及其藝術體裁。 當我們搬到剛果的比利村時，我注意到教會成員所唱的歌曲是貿易用語，而非 Mono 語。有的歌曲是直接從歐洲或美國的聖詩翻譯過來的，有的是用全國性的流行風格創作的。在教會之外，人們則演奏和哼唱種類迥異的音樂，用的是 Mono 語。在我們能夠鼓勵創作之前，我們需要更多的了解。我詢問了當地教會的領袖，我們是否能在我家附近的稻草涼亭（paillote）下見面。我想要一起談論他們的藝術形式和聖經。我們一起羅列出十二種社交場合，Mono 人慣常創作音樂和舞蹈的

預備你自己

十二種場合。這些場合包括社交舞蹈，成年禮，個人表達，或用當地豎琴（kundi）給人忠告，一種叫做 gbaguru 的表演藝術體裁。

第二步：指明國度目標

此刻，這個群體想向哪一種更像神國度的目標而努力？我們將這些國度標識分為幾大類：建立身份認同以及可持續性，體現平安和公義，符合聖經，有益於教會和個人屬靈生命。然而，這個手冊的指引只是一個開始。神的國度存在著成千上萬的標識。因此，你可以隨意調節，確立國度新的標識；創建新的活動來鞏固這些標識；講述和寫下藝術溝通是如何傳播的故事；並分享這些是如何深化神的國度。

指明 Mono 群體的國度目標。依然是在涼亭下，牧師和長老等領袖們一起討論聖經中許多關於音樂的用途的確據。他們討論了神按祂的形象創造每個人的事實。他們說他們沒有在教會中使用 Mono 樂器，是因為早期的傳教士們警告他們不能使用當地的樂器。五十年前，第一批傳教士們勸告他們要把與傳統相關的所有物品全都燒毀。根據聖經，領袖們認為神要他們為著祂的心意恢復他們自己的音樂。神的心意包括集體敬拜。人們渴望以新的方式更深地與神建立連結。他們對新的可能性感到好奇。

第三步：連結藝術體裁以達國度目標

在群體的成員們選定一個目標後，你們可以一起決定哪些效果、藝術形式、內容或事件最能夠支援這個目標。

與 Mono 群體建立連結。領袖們希望基督徒更加明白聖經。他們希望基督徒珍惜 Mono 的傳統。他們認為熟悉的教會聚會是初次體驗新事物的最佳環境。他們也確定 gbaguru 是最好的藝術體裁。聖經的大部分都是有關智慧的交流，gbaguru 也是提供勸導的。因此，領袖們認為他們可以將 gbaguru 很好地採納進敬拜之中。

第四步：分析藝術體裁及其應用場合

採用本地已有的藝術體裁為了新的目的而創作，需要具備充足的知識、技能和智慧。人對某種陌生藝術形式的第一印象通常都是錯誤的、片面的。第四

步會幫助你去了解藝術形式的細節及其意義，以此加深你的理解。了解藝術形式的細節和意義，能幫助你和目標群體找到適合的藝術元素滲入到群體裡，以達致國度目標。

*與 Mono 群體分析藝術體裁及其應用場合。*由於自己興趣的激勵，我已經開始學習 kundi。它是用來演奏 gbaguru 歌曲的。我打聽最好的 kundi 樂手是誰，每個人都向我介紹普納伊瑪‧坎亞馬（Punayima Kanyama）。我在好幾次活動中分析了 Punayima 表演的 gbaguru 藝術體裁。我把他的表演錄製下來。我轉錄了旋律、歌詞和表演的指法。Punayima 也教我彈奏了幾首歌曲。學習演奏歌曲加深了我對這種藝術體裁形式和主題的理解。比如，我知道了 gbaguru 歌詞通常包含著 Mono 人的諺語。我還發現了通常都是男人來表演。歌唱的旋律通常是隨著歌詞中詞彙的平仄音調而變化。最後，創作者通常需要有獨處的時間來創作新的歌曲。

第五步：激發創意

當你能在催生新的藝術作品方面有所行動時，你就能激發創意。你可以通過簡單地建議他人雕刻一個新的面具或者創作一首新的慶祝歌曲來激發他們的創意。有時，激發創意可能需要更多比較複雜和耗時的活動。像這樣的活動包括：工作坊、委任創作、學徒制和節日慶典。當地的藝術家們也可能會發展一個現有儀式或慶典的新版本。但無論你選擇哪種活動，要確保將所有對融合新作品感興趣的人都包括在這個群體內。而且，也要將掌控新作品動向的群體帶領者們包括在其中。

*激發 Mono 群體的創意。*在 Mono 群體，我問誰可以為集體敬拜創作以經文為本的 gbaguru 新歌。因為第一批的傳教士們告訴初信的 Mono 基督徒要燒掉他們的樂器，在教會中已經沒有人知道如何彈奏 kundi 了。在一些討論之後，領袖們決定選擇教會中的一些人去當 kundi 師傅 Punayima 的學徒。我們每周見面。Punayima 教我們如何製作 kundi，以及如何給它調音。之後，他也教我們演奏一些簡單的歌曲。

第六步：改進創作成果

進行評估，以期改善創作成果，這對共創的過程來說是至關重要的。我們希望群體成員將創造力融入他們的生活中。我們希望創造力能夠真正實現群體

在屬靈方面、社會方面和物質方面的目標。按照協定的標準進行評估,能幫助群體成員更有效地改進不完善的藝術溝通。

改進 Mono 群體的創作成果。不幸的是,我們沒有對 Punayima 和其它人早期的一些歌曲進行評估,他們本來可以做得更好的。但對於 Mono 人此後所創作的經文歌曲,我們都會把改善成果的過程納入其中。聖經翻譯者核對了經文的精確度和清晰度。Mono 的音樂家則檢驗這些歌曲在所呈現的藝術體裁中是否真的是優秀作品。

第七步: 慶祝新作品的誕生並推廣傳承

我們的願景是群體成員可以更多將國度的創意融入他們日復一日、年復一年的生活中。為了成全這個心願,他們需要把新的作品教導其它人。他們需要有計劃地持續創作。從簡單的層面來說,工作坊或委任創作應該包括給參與者提供的教學時間,也應該規劃將來教導新作品給更多人去認識的時間。我們建議先從教導一個小組開始,透過評估問題獲得反饋,然後才將作品展示給更大的群體。

與 Mono 群體慶祝新作品的誕生並推廣傳承。在我們當學徒的期間,其它的學生決定成立一個 kundi 小組,取名「愛的詩班」(Chorale Ayo)。Punayima 創作了一首關於神用泥土造男人女人的歌曲。當我們在教會崇拜時彈唱了這首詩歌,平時非常活躍的會眾都安靜沉默了。我擔心是不是自己做錯了什麼,可能讓人們想起了他們古老的神祇。所以在崇拜結束之後,我問一個朋友為什麼大家如此安靜。他回答說:「我們能做什麼呢?這首歌直戳我們的心。」原來這首用自己藝術創作的歌曲,以獨特的方式深深地觸動了他們的情感、心靈和意志。

Chorale Ayo(愛的詩班)繼續在聚會上唱歌。有的學徒開始創作自己的歌曲。後來,戰爭和個人災難爆發擾亂了 Mono 人的生活。經過一段很長的時間之後,相似的 kundi 小組開始在其它村莊出現。Mono 群體其中一群人,就是新教教會,更多地慶祝他們傳統中的美好部分。但我心裡想讓更多人可以參與其中。我們計劃了一個大型的慶祝會(fête)來作為我們村新房子的完工慶典。我心裡想著委託人在這樣的活動上演奏一些歌曲,其中兩首歌曲是 Mono 傳統的藝術體裁。在我們的慶祝之夜,上百個來自不同社會階層的人通過熟悉的 Mono 傳統藝術體裁經歷到耶穌的教導。這些歌曲內容包括耶穌有關兩種蓋房子的人(聰明人和無知的人)的比喻(太七 24-27)。

共創本土藝術（CLAT）概要

CLAT 的過程展示了如何幫助一個群體透過使用他們的藝術來實現神的國度的目標。「共創本土藝術」基本上分為七個步驟。你可以把它們看成七種類型的談話。不斷地做研究來支援每一個步驟，從始至終要強調作為學習者的必要性。這些步驟分別是：

1. **接觸當地群體及其藝術體裁**
   探索這個群體的藝術和社會資源。

2. **指明國度目標**
   探索群體想要努力達到的國度目標。

3. **連結藝術體裁以達國度目標**
   選擇一種藝術體裁，能幫助群體達到他們的目標。
   選擇那些能夠在這種藝術體裁中帶來目標性意義的活動。

4. **分析藝術體裁及其應用場合**
   以整體的視角來描述事件。運用藝術的分類來描述它的藝術形式。描述這些藝術形式與所處文化情境之間的關係。對藝術形式的詳細了解對於激發創意至關重要，在改進新生作品的環節也扮演著重要的角色，對於在群體中融入創作也同樣是必要的。

5. **激發創意**
   實踐群體所選用的活動，使用群體成員所選的藝術體裁來激發創意。

6. **改進創作成果**
   評估激發創意活動之後的效果，並進行改善。

7. **慶祝新作品的誕生並推廣傳承**
   規劃和推行這些新創意可以延續的方式。鑒別更多可以呈現和演繹新舊藝術的場合。

圖表四： 共創本土藝術（CLAT）概要

第一步

接觸當地群體及其藝術體裁

第一步是探索並記錄一個群體和其中的藝術。當你開始和一個群體工作的時候，觀察（研究）是非常重要的。你想盡可能多了解這個群體和其中的藝術。藝術是在特定的情境中產生的，所以了解一個群體會幫助你理解他們的藝術。

你的目標是什麼群體？我們是這樣定義群體的：一個群體是一群分享著有關過去共同的故事事件、特徵及思想的人。這些共同的經歷不斷地把群體的成員聚集在一起。一個群體也擁有共同的身份認同。正是這個身份的標誌，把他們和其它的群體區分開來。身份標誌可能是：語言、食物、服飾、宗教或共同的掙扎。一個群體也有共同的互動方式，比如儀式、節日、家庭單元、視覺和觸覺的標誌及模式等等。

群體有著共同的故事、身份及互動方式。但切記，群體總是在發生變化，群體是由不同的個體組成，這些個體可能來來往往，做這樣或那樣的決定，對許多情況的回應方式也是五花八門的。

當你開始探索一個群體，要記錄下你在每個地方的所有發現。一個群體藝術檔案（Community Arts Profile，簡稱 CAP）可以為你提供幫助。所謂群體藝術檔案，是指保存所有關於群體和其藝術資訊的文檔或資料庫（詳見53-55頁）。

初步接觸一個群體

快速瀏覽一個群體會幫助你了解這個發展和演繹藝術的背景。藝術從來都不是獨自存在的。去收集一個群體的地理位置、語言、身份標誌和溝通方式等的初步資訊。

確定好你做研究的範圍。你是要研究村莊裡的一個家族呢，還是每個在這個地區說同一種語言的人？從盡可能多的角度描述事物，下面的表格可作為一個問題的指引。你也可以使用其它方式來取得資訊：

- 你可以詢問朋友、群體中的領袖們、或群體中其它人，有關其它的資源及重要人物。
- 閱讀和觀察群體成員是如何在書籍、文章、視頻、錄音或其它媒體呈現自己的。
- 閱讀學術研究、百科全書，以及查考其它資源，看看其它人是如何評價這個群體的。

 對你想要同工的群體進行初步描述。這將會涉及這些話題：他們來自哪裡？他們有多少人？他們有什麼特徵？有哪些共同的故事和身份認同？隨著時間的流逝，群體發生過哪些改變？

研究群體：採訪問題樣本

- 群體在哪裡？由多少人組成？這些基本資料包括：哪村哪鎮，哪省哪國等。
- 是什麼連繫著這個群體？答案應該包括：語言、地理、種族身份、社會結構等因素。
- 他們是如何彼此溝通的？有多頻繁？這些問題涉及溝通的語言和模式，比如：面對面、打電話或者電子社交媒體。
- 他們怎樣一步步到了今天？分辨深刻影響群體地理選址及身份認同的重要歷史事件和範例。

圖表五：研究群體：採訪問題樣本

初步接觸一個群體的藝術

我們輔助群體使用他們已有的藝術資源進行創作。使用現存的資源是我們的方法論中的核心部分。因此，首要的事情就是要羅列出現存藝術的清單。

第一步

尋找和識別藝術體裁

每個群體都有獨特的藝術種類目錄，每個群體也都在不同的藝術中融入了獨特的意義。你的藝術分類可能與你同工的群體的分類不同。那麼，你如何找到它們？有幸的是，各地的藝術都擁有一些共同的特徵，能協助我們做研究。

首要的共同特徵是，文化常常運用藝術溝通形式來慶祝重要的事情與傳統。要查看的事件包括生命週期和歷史事件、活動、慶典、大自然等。如果你能夠鑒別一個群體中有關特別事件的儀式，你就可以找到與這些事情相關的藝術。

第二個共同的特徵是，藝術是比任何其它溝通方式更具個性的特殊溝通方式。注意當人們以某種特別節拍舞動（跳舞）、唱歌、表演、繪畫、用旋律和韻律說話，或者用特殊的表演設置（比如說舞台上的）做事情，這些特徵可能都會為你指明藝術體裁。「快速羅列藝術體裁的清單」活動就是借助這些藝術獨特的特徵來開始的。

如何辨識藝術溝通的行為

藝術可能會有獨特的表演情境
藝術活動可能是從日常生活分別出來，比如：一天當中不同的時間、地方、語言、參與者等等。

藝術可能會擴展或壓縮資訊的密度
比如，某些類型的詩歌僅用幾句話就傳達了很多信息。其它藝術表達形式通過空間、音樂或重複來擴展資訊。

藝術可能涉及更多的假設或特殊知識
有時，專業術語或某些詞彙的意義是針對特有的藝術體裁而言的。

藝術展示著特殊形式的結構
藝術表達／作品常常被日常溝通無關的約束所限制。

藝術可能引出非同尋常的回應
藝術表達常常引起經歷者強烈的感受和身體反應。

藝術可能要求超越尋常的專業知識
藝術表達常常看似需要專業的訓練才能使用，並非是每個人都可以做的事。

圖表六：如何辨識藝術溝通的行為

快速羅列藝術體裁的清單

為了列舉有關藝術體裁的初始清單，你可以召集群體中的一些人來詢問他們以下的問題：

- 這個群體什麼時候唱歌？演奏樂器？跳舞？講故事？表演？雕刻？繪畫？以不同尋常的方式使用自己的身體？玩遊戲？建造特殊構造？記得每種文化都有獨特的藝術交流分類和談論方式，所以先學習他們的詞彙吧。
- 這個群體中的人們會圍繞新生兒的出生做哪些特別的事情？那麼死亡呢？從童年步入成年呢？對於每個肯定的答案，詢問有關這些特殊事件的細節，並且記錄跟藝術有關的部分。

討論時若涉及某種藝術體裁，隨即快速粗略記下這種藝術體裁的基本特徵：

- 本地名稱與簡述
- 參與人員（男女老少？專家？特殊的社會經濟體？……）
- 什麼時候舉辦（活動、特別日子、季節、月份、具體時刻……）
- 涵義與使用場合（慶祝、豐收、敬拜、死亡……）
- 對參與者產生的影響（身份自豪感；團結、慾望、恐懼或勇氣的感覺；行動的動機；記得生命中重要的資訊……）
- 涉及到的組織機構（教會，政府部門，群體，俱樂部……）

不用擔心沒有一次性收集到所有的細節，你可以在學習的過程中隨時進行添加。

使用對照表格，記下有關藝術體裁的基本事實

在第三步，群體成員為了實現國度的目標來對每種藝術體裁進行評估。可以參照這個表格。從現在開始，隨時加添所需的資訊。圖表七的數據來自於剛果 Mono 族的藝術數據。

藝術體裁	簡述	事件	參與者	相關涵義	影響	機構
gaza aga	男性割禮舞蹈	男性割禮儀式	青年男性	戰爭	教導打仗，給予勇氣	Ngakoala - Mono judges
Nzembo na Nzambe	翻譯成 Lingala 語的歐洲聖詩	教會聚會	教會成員	信仰，信心，宣教士	團結一致	新教教會
gbaguru	智慧歌曲	私人場合	豎琴彈奏者／演唱者聆聽者	智慧，勸導	採取智慧的行動	無
Nganga	捕獵之神 Zhugwa 的歌	捕獵時	捕獵者	捕獵之神 "Zhugwa"	給予勇氣，希望成功	無
Agbolo	孩子們的遊戲歌曲	孩子們玩的地方	孩子們	樂趣，自由	歡樂，團結	無

圖表七： 藝術體裁對照表 （樣本）

第一步

開始探索群體生活的社交與概念

培養對群體宏觀的理解是極其重要的,並且我們可以通過人類學的研究方法來加深對當地群體的了解。從研究的主題入手,尤其是有益於理解群體相關的藝術,包括:人們如何使用語言;他們如何與其它社會群體互動,尤其是家人之間;人們如何獲取生活所需(比如:食物,住宿,健康,教育);人們之間地位或權力的差異;宗教信仰與活動;世界觀。這些領域的廣泛調查遠非本手冊所能及。你需要學習如何做這類的研究,或者尋找懂得做的人。

繼續研究

也許你永遠都不能完全理解這個群體的全部細節,所以你得不斷學習。人類學家已經發掘了一些最好的探索方式,你可以學著去實踐。這些學習的方式,包括在參與中觀察(參與式觀察)、在實作中學習(學習一門陌生的藝術)、提問(採訪)、寫作(做筆記)、捕捉和欣賞音訊或視頻(影音記錄)、攝影等。你要去尋找能給你傳授技藝的人,無論是通過上課、閱讀或當學徒的方式。

最後,我們想要你能夠在愛的引領下,與他人來往。在你所有的研究學習中,你都對目標群體保持仁愛、謙卑、慷慨,並渴望其得著最大的益處。

第二步

指明國度目標

作為基督的跟隨者，我們的目標是盼望看見神的國度在地上彰顯。我們想要看到祂的國度盡可能在地上完整地呈現，雖然我們深知完整的國度只有在天堂才能體驗得到。所有的群體都在某種程度上渴望更美好的生活，群體中的成員很多時其實是向著天國而努力，不過他們自己並不知道。你可以幫助他們進行探索之旅。「國度目標」可以幫助我們看到神在地上彰顯的許多方式。

在第二步，我們首先簡要介紹一些可以彰顯神的方式。然後，我們將會引導你走進實際過程，去幫助目標群體決定他們想要為哪些目標而努力。

以下每個有關國度目標的分類，
1）舉一個能夠反映這個目標的實例，及
2）建議其它有關國度的目標。

國度目標的分類：身份認同與可持續性

評估身份認同

神國度興旺的地方，群體就更珍愛自己的文化。

在許多地方，少數民族或群體對其它的文化評價很高，卻輕看自己的文化。他們看不起自己文化的用途、美感及其固有價值。別忘了「神就照著自己的形象造了人」（創一 27）。

人們應該評估自己社會中美好的方面，比如正義、健康、追求聖潔等。群體成員越能夠合宜地評估自己的文化，神的國度就越可能興旺。進一步來說，一個群體的藝術體裁承載著其文化顯著或珍貴的部分。如果群體成員在自己的藝術當中看不見任何優點，他們就不可能採用自己的藝術來敬拜神，更不會採用這樣的方式來彼此傳達真理。首先，我們想要探索一個群體如何能夠肯定自己的藝術資源，然後再針對性地尋找方法，去創作能夠培養濃厚的國度屬性與文化認同的作品。

教養下一代

神國度興旺的地方，群體就會把傳統教導給自己的孩子。

一個群體具備健康的身份認同的標誌，就是群體的成員會把自己文化當中優良的部分教導給自己的子孫。每一代人傳遞自己藝術知識與其它知識的方式，能夠反映出一個群體的健康情況。

使用媒體

神國度興旺的地方，群體就能夠為當地的宗教與全球媒體頻道作出貢獻。

無數來自世界各地的人們，都不懈地探求與人溝通的新型方式。那些對自己群體的價值觀持有正確合宜認同感的人，能夠接受和學習他人的藝術溝通方式，他們通過當地的、宗教的和全球化的媒介來記錄自己的藝術，為整體可用的藝術資源作出貢獻。

國度目標的分類：平安

耶穌進入人類的社會，為的是要跟隨祂的人能夠得著豐盛的生命（約十10）。祂的到來是為了跟隨祂的人能夠擁有平安（約十四27）。希伯來語「平安」（shalom）代表著祂應許的許多方面：平安的心境、完全、社會和諧、公義與健康。布萊恩德‧邁爾斯談到「平安與豐盛的生命是我們在地上所渴求的理想狀態，直等到耶穌再來才能完全，平安的願景能夠帶領生命進到豐盛的狀態，這樣強而有力的願景是我們必須認識的，並且能加強我們對人類更美好未來的理解。」[7]

醫治

神國度興旺的地方，群體會對問題積極作出回應，並且伴隨著醫治和重建。

---

[7] Bryant L. Myers, *Walking with the Poor: Principles and Practices of Transformational Development* (Maryknoll, NY: Orbis, 1999), 51.

第二步

與平安對立的勢力令人不寒而慄：戰爭、自然災害、性虐待、疾病、奴隸制、饑荒、乾旱。那些能夠體現國度的群體中間，有人可以對這些問題作出積極的回應，並且帶來醫治和重建。藝術活動在增加對平安的感知上有著極其重要的作用。它不但為受苦的人指明希望，為一個群體注入團結，同樣也能幫助情緒和身體得到治癒。

復和

神國度興旺的地方，群體內部與群體之間都願意相互和好。

藝術溝通幫助我們對彼此敞開懷抱。它可以從深處製造出某種超越我們自身歷史的團結感。歌舞需要個體能夠隨著節拍和動作聯絡起來，所產生的喜樂、愉悅、團結，會建立起新的信任感。這些可以提升我們的眼界，把我們的眼光從傷害轉移到屬天的真理之上。藝術形式的溝通極具影響力，能夠引導人們悔改、饒恕、團結、仁愛與永久的和好。

國度目標的分類：公義

社會公義

神國度興旺的地方，群體就會關愛窮人和其它邊緣群體。

神通過整本聖經一次又一次清晰地傳達著祂關心那些軟弱的人，祂強調孤兒、寡婦和寄居的人（申十 18；雅一 27）、貧窮缺乏的人（申十五 7-8；詩九 18；路四 18，六 20）。祂的眼目關注那些在社會中受壓迫的人（尼九 15；路一 46-55），被囚禁的人（詩一四六 7），饑餓和無家可歸的人（賽五十八 6-11；太二十五 34-40）。耶穌也特別指出貧窮的人可以得著神的國（路六 20-26）。神也展示了有權勢的人的麻木不仁和罪性如何經常給邊緣化的群體帶來不公。（詩十二 5，三十五 10，七十二 12-14；箴二十二 22-23；賽十 1-3）

如何應對這些現實？神告訴人要慷慨給予（申十五 7-8；箴十一 24-25；羅十二 13；林後九 6-13；雅二 15-17）。祂說過要憐憫被排擠的人（箴十四 31），捍衛貧苦的人（箴三十一 8-9），要折斷壓迫人的軛（賽五十八 6-11）。群體可以通過自己的藝術向著國度的公義而努力，注入希望，對有權勢的人講述不受歡迎的真理，並提倡團結。

教育

神國度興旺的地方，群體就能學到所需並且貢獻於社會。

在不健康的群體中，人們常常不看重自己的身份認同，教育系統也因此變得薄弱。社會迅速的改變會使人們落入無知識無訓練的地步，以致無法茁壯成長。藝術是強而有力的溝通系統，正因為這個緣故，群體可以在所有的教育科目和教學內容中融入藝術元素。

識字 / 文學

神國度興旺的地方，群體就可以聽讀聖經和其它文學。

在一個體現神國度特點的群體，人們可以通過書寫或聽力系統找到聖經與其它文學的資源。人們需要能夠聽、讀和寫作，文學的目的跟技藝（比如，對語言結構的理解）與社會狀況（比如，想要用一種語言閱讀和寫作，並且感覺有能力獲得這些技能）有關。主要由語言元素創作的藝術形式（歌曲、戲劇、故事、箴言、謎語），雖然沒有舞蹈、視覺藝術，但依然能夠鞏固文學的目的。

經濟機遇

神國度興旺的地方，群體就能夠為團體的物質改善作出貢獻。

聖經表明人類需要工作。神創造了宇宙（創一章），然後祂讓亞當負責管理伊甸園（創二 15）。神吩咐亞當和夏娃要生養眾多（箴十八 9；西三 23；帖後三 10；提前五 18），然後他作工得工價（提前五 18）。以神國度為標誌的群體，人們有機會接觸到有意義和物質回報的工作。當人們為藝術表演或作品消費時，藝術家就從自己的活動中得益。藝術溝通可以輔助商業宣傳，也可以激發人們工作或合作。 一個積極繁榮的群體看重並且回饋於藝術家在物質健康方面所作出的努力。

國度目標的分類：聖經

聖經翻譯

神國度興旺的地方，群體就能進行聖經翻譯。

在一個體現神國度特點的群體，有人能夠知曉神通過聖經傳達了什麼。首先，群體必須有渠道能夠接觸到忠於聖經原文的譯本。譯本所傳達的訊息必

須對群體之中的大多數人來說是清晰的，內容必須是通過當地語言中最正確最有穿透力的方式來表達。同樣，各種基督教傳統必須能夠使用翻譯，必須翻譯成有利於口語溝通的形式。聖經充滿了各樣藝術形式的交流：比喻、箴言、故事、歌曲、詩篇。對當地藝術體裁的洞察力，會有助於群體以支持聖經翻譯目標的方式來翻譯聖經。

口傳聖經／講述故事

神國度興旺的地方，群體能夠通過熟悉的方式來接觸到聖經。

在一個體現神國度特點的群體，人們能夠通過多種形式接觸到聖經。當地的藝術形式，尤其是與講述故事有關的，在把聖經融入群體生活中扮演非常重要的角色。

國度目標的分類：教會生活

集體敬拜

神國度興旺的地方，跟隨基督的人聚集在一起，以促進與神和彼此之間深入溝通的方式敬拜。

合乎聖經的敬拜是將生命全然向神獻上（羅十二 1-2），選擇每時每刻都為神的榮耀而非自己的尊榮而活。活出敬拜的生命，包括與其它信徒聚會發自內心敬拜神與神交談的特定時間（詩九十五 6，九十六 9；徒二 42；來十 24-25；啟十九 10）。當地藝術為敬拜和聆聽神的時刻提供了語言。藝術幫助我們盡心、盡性、盡意、盡力的敬拜（詩一〇〇 2；可十二 29-30）。耶穌教導敬拜的地點並不是最重要的，而是要我們用心靈和誠實拜祂（約四 21-24）。耶穌的教導為來自各民族各語言的人用自己的溝通形式來敬拜尊榮神敞開了大門。

學習並熟記聖經

神國度興旺的地方，群體就能理解並熟記聖經。

在一個越能體現神國度特點的群體，人們越能學習、熟記聖經並且融會貫通。研究顯示，通過歌曲或動作來記憶文字能夠刺激更多的大腦部位。因此，我們越能使用當地藝術的方式學習聖經，我們就越能熟記經文。

基督教儀式

神國度興旺的地方，人們會把重大時刻用強烈的屬靈事件來標記。

重大時刻比如婚禮、聖餐禮、葬禮、人生大事禮儀和農業盛宴等。溝通的藝術形式預示著確定事件的特殊性。藝術表達通過獨特的篩選方式和形式表明歷史的延續性，並為人與神之間的溝通打開了整體的通道。

見證
神國度興旺的地方，非信徒也會認識神。

在一個體現神國度特點的群體，人們能認識祂是他們的創造主和救贖主。當地藝術往往把特殊的和日常的生活活動交織在一起，表明生活中的重要事件，填補社交互動和娛樂的需要。教學包括了當地藝術，因為日常生活與當地藝術表達是如此相互關聯的，藝術溝通提供了一種強而有力的方式來傳達關於神的真理。

國度目標的分類：個人靈命

屬靈形式
神國度興旺的地方，基督的跟隨者能夠經歷到靈命成長。

在神國度強盛的地方，基督的跟隨者在對神的認識與經歷上、對神的順服與屬神的品格特質和習慣上，都能不斷成長。溝通的藝術形式可以啟動和形成不論是正式還是非正式的屬靈訓練、操練和指引。

禱告與默想
神國度興旺的地方，個體有充滿活力的禱告生活。

在一個體現神國度特點的群體，跟隨基督的人能夠時常全心全意地與神溝通。因為這是令人喜悅的，藝術表達可以鞏固這樣的溝通，並且與人們的情感和意志息息相關。

個人聖經學習
神國度興旺的地方，個體能夠準確而忠實地查考聖經。

在一個體現神國度特點的群體，人們既能準確而又忠心地查考聖經。他們會把溝通的藝術形式融入在個人的聖經學習中，因此，他們能夠記住更多，理解更多，轉變更多。

聖經應用

神國度興旺的地方，群體能夠將聖經應用在生命中。

在一個越來越體現神國度特點的群體，人們會將聖經的教導應用在自己的日常經歷中。聖經是在不同的時期對不同的群體寫的。如何能夠將其準確地應用在我們今天的生活和不同的文化中？當地的藝術溝通幫助人們以令人難忘和激勵人心的方式，把聖經真理與自己的生活連結起來。

除非你與基督徒一起同工，不然你所在的群體不可能有動力去努力實現神國度的目標。然而，因為人是按著神的形象被造的，所以我們內心都渴望和平、健康、快樂、存在價值與公義。你可以稱這些屬性為「美好未來的標誌」。當一個群體想要這些東西的時候，我們可以按著自己的技能和呼召全心全意地幫助他們。如果我們是與當地教會同工，我們的目標會自然而然地包含加深與神的關係。神的國度的終極君王就是耶穌。在我們與那些不認識耶穌的個體或群體同行時，我們可以用愛心和語言引導他們認識祂。

指明國度目標的步驟

列出國度目標和知道追求哪些目標是兩件不同的事情。與群體一起同工，來確定哪些目標對他們來說是重要的，找出哪些是他們想要完成的。共同創作包括分辨和修訂群體目標的一系列過程。按照這裡的步驟開始探索這個過程吧。

與人交談並聆聽

社會結構（比如政府機構、教會、清真寺、儲蓄信用協會，或者會議）為交談提供了良好的場所。你也許可以聚集幾個分別代表不同群體或區域的人一起來完成活動。

探索並識別所在群體的優勢和願景

詢問群體中的人，他們擅長做的，以及他們對孩子、對自己、對群體的願望。下面的優勢和願景圖表是特別用來識別國度標誌的，至少作為一種希望。

把每項優勢或願景與國度目標聯繫起來

把內容填進表格，作簡單的參照，如下圖所示範例。

優勢與願景	與國度目標有何關係
每代人之間相互尊重	身份和可持續性
慶祝	身份和可持續性
熱情好客	平安

探索群體所存在的問題

詢問所存在的難題，找出導致重大擔憂的原因。詢問相比五年、十年或二十年以前，現在的群體哪些方面惡化了。參看下面的表格，這樣你可以更容易看清楚這些與國度的目標有何關聯。這個圖表中的問題表明了國度標識的匱乏。

問題	與國度目標有何關係
疾病：愛滋病毒／愛滋病，瘧疾	平安
戰爭，犯罪，暴力	平安
代際衝突，喪失傳統	身份和可持續性
對死亡的恐懼	個人靈命
剝削：奴隸，賣淫	公正
文盲	公正
無法接觸到聖經	聖經
缺乏靈命成長	個人靈命
基督徒群體缺乏合一	教會生活
有些小組沒有敬拜的生命	教會生活
與神之間缺乏溝通	個人靈命
教育貧乏	公正
饑餓	公正

選擇一個目標

討論群體最想解決的問題。談談他們最想建立的力量。

 寫下第二步的結果

按照以下格式，並在寫有群體和國度目標的空白處寫下所選擇的目標。

_____ 選擇了
（群體）

_____ 。
（國度目標）

第三步

連結藝術體裁以達國度目標

當群體成員確定了自己群體的目標,下一步就是計劃他們的藝術如何能夠幫助他們完成這些目標。每種藝術體裁都是特別針對某種具體的情境,所產生的效果也是如此。這個部分包括了挑選藝術體裁並將其與國度目標連結起來的步驟。

可行性:有沒有現存的資源可以演繹此藝術體裁?比如,有沒有人知道如何來做這樣的藝術?

場合與事件:演繹這種體裁是否能夠幫助人們思考、感受和行動,使他們朝著國度的目標前進嗎?

內容:哪些內容對預期效果有積極的作用?內涵意義是否會壓制或稀釋預期效果?

選擇新型藝術工作的預期效果

你想要在群體當中產生什麼樣的效果? 比如:群體的成員可能

- 明白一些重要的資訊
- 採取不同的行動
- 改變某種無益或危險的行為
- 嘗試新事物
- 不同的想法

- 感到與他人之間的團結
- 能經歷盼望、喜樂、憤怒、懊悔、欣喜、平安、滿足、釋放、同情、驚奇、或其它情感。

一起探索你希望成員如何改變，使他們朝國度目標努力。寫下你們討論的結果。

選擇新型藝術工作的內容

如果預期效果取決於人們對藝術概念的認知，那麼，請確保這些概念是值得信賴的。

學習所教導的內容，以便傳達準確的信息。如果資訊是有關如何控制瘧疾的，確保你知道事實。也要與醫療保健的專業人員了解相關情況。就聖經而言，首先要學習經文的意思，其次才是根據經文來創作。相關內容要跟聖經學者和翻譯者討論，也要與神交談，與其它的藝術者和帶領者交談。

一起討論以下問題並記下答案。
- 我們想要傳遞什麼樣的資訊？
- 我們如何確保內容是確實可信賴的？

選定體裁，傳達內容，產生預期的效果

每種藝術體裁都有影響其傳達的信息及其效果的特質。我們一起回顧在第一步所創作的藝術體裁。審閱你所制定的藝術體裁對照表，根據需要作出添加。

藝術體裁	簡述	事件	參與者	相關涵義	影響	機構

圖表八：藝術體裁與目標連結的整體情況

第三步

針對每種藝術體裁，你需要詢問：
- 使用這種新的藝術體裁，會產生我們選擇的效果嗎？如若不能，為什麼？
- 使用這種新的藝術體裁，能否有效／準確地傳達我們選擇的內容？如若不能，為什麼？

縮減你的清單，保留到一兩種最能影響預期效果和所傳達內容的藝術體裁。

請記住，所有的藝術體裁都具有能夠被神的心意贖回的特質。然而，並非所有都適合當下的群體生活。鼓勵所有的過程都以禱告、聆聽聖靈所賜的智慧而進行。不要強行使用某種藝術體裁做新的工作，除非群體的帶領者也認定這是智慧的。要確信神想要它現在就發生。

集思廣益，思考在什麼文化活動中展示新作品？

在我們開始計劃如何使用新的藝術體裁進行創作時，先想像所要呈現的內容。思考怎樣更好地讓新的作品作為溝通的工具。參考下面表格列出的一些溝通的內容，一起做下面的練習：

- 列出哪些事件可能會涉及選定藝術體裁所創作的新作品。
- 提醒自己到目前為止的選擇：效果、內容（資訊）和藝術體裁。
- 選取幾個你想到的事件類型，根據它們的溝通元素來作出描述：
  - 誰是溝通者？
  - 何時何地會舉行此類事件？
  - 參與者會使用哪些感官？
  - 這樣的藝術體裁如何影響人們所經歷到的資訊？
  - 當人們體驗藝術作品時，會產生你想要的效果嗎？
  - 人們對原創者有什麼回應？
- 選定你可能想要呈現新作品的一個事件。

貼近神心意的社群藝術

📝 **在下面的格式中寫下你對第三步的結果：**

_____ 將準備在
（群體）

_____ 用
（場合）

_____ 來演繹
（體裁）

_____ 以期待人們產生
（內容）

_____ 讓
（對人的影響）

_____ 得以邁向
（群體）

_____ 。
（國度目標）

第四步

分析藝術體裁及其應用場合

為了創作出新穎且有影響力的作品,我們必須了解藝術體裁的背景資訊。第四步針對具體分析和研究藝術體裁提供了詳細的指示。當你對藝術形式的了解越來越多時,要記得這些會隨著時間而變化。所以你當下的觀察不一定是事實,也許它明天就會有所改變。第四步包含以下元素:[8]

- 選取一個當地的文化事件進行分析
- 初步接觸一個文化事件
- 初步接觸一個文化事件中出現的藝術體裁
- 透過七個不同的視角深入了解當地的藝術形式
- 了解當地不同藝術形式與其所處文化情境的關聯
- 探索教會藝術

當你開始著手第四步時,你會發現並不是所有的研究活動都和你當下所研究的藝術形式有關。即便有關,你也不可能有時間完成所有的研究工作。無論做什麼事情,都記得「初步接觸……」,這些只需要花少許時間和精力,就可以加深你的理解;之後,你可選擇其它看起來最相關或最有趣的藝術形式進行分析即可。

---

[8] 在 2013 年的 CLAT 手冊中,第四步被分為四個子步驟。我們在這本「CLAT 手冊精簡版」中沒有採用這種組織方式。相反,我們包括了子步驟 4A、4C 和 4D 中最有幫助和最容易理解的內容,而將子步驟 4B(對藝術特徵的研究)留給更細的形式分析。

> **針對錄音與錄影的建議**
>
> 錄製藝術活動與產品可以加深你的記憶。它不僅可以使你回顧所發生的事情，注意你之前所忽略的，而且通過反覆聆聽或觀看某人的舞蹈幫助你的研究，以及許多其它好處。下面幾點基本的建議可以讓你的錄製更有效益。
>
> - 盡你所能準備**最好的錄製設備**。科技在日新月異，因此我們無從告訴你具體需要準備什麼設備。但是你可以詢問你周遭的人，同時也學習如何操作你手頭的設備。
> - **劣質的錄製總比沒有錄製好**。你應該嘗試不同的方法來提高自己的錄製技術。總不要因為缺乏經驗而被絆住。
> - 隨身攜帶**備用設備**。設備可能總在你意想不到的時候損壞。所以請帶上備用的電池和其它相關的配置。
> - 確保你**錄製的內容**可以完成你的研究目標。如果你打算要將你的錄製成果存檔或發表，你需要了解在當地類似工作的最高標準。
> - 在錄製之前，總要先**獲得當事人的許可**。告知他們你製作記錄的用途，徵求他們同意。請他們寫下來，或者你錄下他們所說的。
> - **將你所有的記錄歸檔**。如果你離開了禾場，又沒有人知道你錄製的內容，那你的努力就付諸東流了。因此，在筆記本上寫下詳細具體的資訊，比如何時、何地、何人、為何。當然你也可以在錄影／音時說：「我的名字是，在某時某地為某人做記錄。」

圖表九：針對錄音與錄影的建議

選擇一個藝術事件進行分析

首先，你需要確定你想更多了解哪個藝術事件。非常重要的一點是，你要藉著實際經驗來更多了解當地的藝術。若你只是與他人紙上談兵，你所得出的結論是不可靠的。

你甚至可以探索成千上百種藝術活動／文化事件，每一種藝術活動都會豐富你對當地藝術體裁的認知。請參照下面的指南，它可以幫助你選定一個要學習的事件。

第四步

> **適於研究的藝術事件應具備的特徵**
> - **直接的體驗**。你要能親身感受藝術現場或親眼看到藝術作品本身，當然，你可以通過視頻記錄整場活動。
> - **選定的藝術體裁**。適於研究的藝術活動需要包含當地群體已經選出的藝術體裁。
> - **集體的事件／活動**。這樣的活動是由當地人自己完成的。
> - **良好的範例**。如果該藝術體裁是典型的事例，並且是由群體中技藝精湛的藝術家完成的，這就能幫助到學習和研究。

圖表十：適於研究的藝術事件應具備的特徵

初步接觸一個文化事件

 將你初步觀察的結果，採訪中獲取的資訊，以及對藝術活動的評估，按照以下表格進行分類歸檔，進而做更細緻的研究。

背景

- 群體名稱：＿＿＿＿＿＿＿＿＿＿＿＿＿＿＿＿＿

- 地理位置（國家／地區，城市／農村，具體位置）：＿＿＿＿＿＿＿＿
＿＿＿＿＿＿＿＿＿＿＿＿＿＿＿＿＿＿＿＿＿＿＿＿＿＿＿

- 日期：＿＿＿＿＿＿＿＿＿＿＿＿＿＿＿＿＿＿＿＿＿＿

- 你的名字：＿＿＿＿＿＿＿＿＿＿＿＿＿＿＿＿＿＿＿

以下的分類從根本上與藝術溝通的形式相關

空間
這個活動是當地人舉辦的還是外地人舉辦的？他們住在哪裡？他們對空間的利用如何隨時間的變化而改變的？

材料
你注意到有什麼服裝、裝扮、樂器、電子媒體、揚聲器、燈光？如果情況允許，你也願意的話，可以拍照或畫下草圖。

參與組織
誰在這裡？有多少男人女人？他們都處於什麼年齡層？是否存在其它統計人口的方式？社會地位如何？他們在做什麼？他們怎麼互動的？是由誰組織、宣傳和推廣這個事件的？

事件展開的形態
這個事件會持續多久？什麼時候出現／舉辦？內部主要組成部分是什麼？

表演特徵
每個人都在做什麼？有哪些與此事件相關的活動，包括活動前後的事件？

內容
這場活動包含了哪些情節、道德、主題及語言？

隱藏的符號系統
還有哪些文化宗教等深層涵意與以上羅列的元素有關？

以下的分類從根本上與藝術如何融入文化有關

明顯的目的
這樣的藝術活動一般在什麼場合出現？有什麼名稱？人們想要通過這個活動達到什麼目的？通過什麼方法來達成目標？有沒有大張旗鼓或者心照不宣地傳達其它次要目的？這些目標對事件本身有何影響？

情感
參與者對活動感受如何？其它人對此感受如何？這個事件本身或具體部分（比如某段台詞或歌曲）在傳達什麼樣的感受？

所展現出的群體價值觀
你是否看見一些階級制或平權制的社會結構、自由或凝重的氛圍、有一致或分散的信念等等跡象？從字裡行間或參與者的互動中可以觀察到哪些文化特性？

社群資源投放
當地人在這次活動中投入了哪些及多少資源？這可能包括籌備時間、資金財力、演出時長、參與人數、社會對這個藝術體裁的評價的標誌（如：高尚或通俗等等）。

第四步

初步接觸一個文化事件中的藝術體裁

 這些簡單的問題可以幫助你專注在文化活動中出現的藝術類型。在某場活動中,可能涉及多種的藝術體裁,採用這些問題時,注意每次只選定一個藝術體裁。

- 人們創作什麼樣的藝術作品?比如:體裁名稱;繪畫、表演、唱歌、跳舞等不同形式的活動。
- 通常會由誰來表演或創作?例如:男女老少、劇組成員,同時記下優秀表演者或創作者的名字。
- 人們通常在哪裡表演或創作?例如:戶外、室內或特定的地方等。
- 人們通常在什麼時候創作或表演?例如:白天、晚上、特殊儀式上、每周排練或是自娛自樂時。
- 人們通常向誰表演或展示這些創作?例如:潛在的藝術追求者,狂熱的觀眾,上帝。
- 人們為什麼要舉行此類的表演?例如:傳達某種情緒、賺錢、帶出行動力、加強身份認同、娛樂。
- 這個表演背後有什麼文化深意?例如:針對聚會,某個年齡層的人,屬靈層面上的,或性上的。
- 人們通常如何撰寫新作品?例如:個人獨處,夢境,與他人一起體驗。

通過七個透視鏡,加深你對活動形式的理解

用物理術語來說,鏡片是一塊特殊的玻璃。通過拋光玻璃或以其它方式可以改變光線的路徑。根據製造商的預期目標,鏡片可以使物品看起來更近、更遠或更深。鏡片是一種將主體的某一方面聚焦的方法。我們用同樣的比喻來指導我們的藝術研究。我們特別提出了一種方法,可以引導你透過你的眼睛、耳朵、鼻子、肌膚和身體去考察以下七個類別的細節。它們分別是:空間,材料,參與者,事件展開的形態,表演特徵,內容,隱藏的符號系統。

注意,這裡的每塊鏡片都可能與其它鏡片密切相連。有些人可能從不同的視角來描述同一件事。所以,如果你發現有些模式反覆出現,不用感到驚訝。此外,在任何特定的事件中,每塊鏡片能夠顯示的視角和效果都不盡相同。如果透過某塊鏡片觀看藝術似乎沒有多大幫助,則可以選擇另一塊鏡片。

我們設計這些鏡片是為了幫助你更了解一個有藝術內容的特定事件。如果你是第一次見到一個事件的類型，那麼你可能還不知道什麼是正常的。你也可能不知道它和通常發生的事情有哪些重要的差異。當你用鏡片來描述更多類似的事件時，你就會發現共同的模式與差異之處。

鏡片 1：空間

空間指的是藝術交流發生的地點、界線和空間特色。空間會影響參與者的活動範圍和互動方式，它延長或縮短了參與者需要在其中走動的時間，可能還會影響表演的其它因素。

空間對於具有戲劇和舞蹈特徵的事件尤為重要。此外，藝術作品的創作人也會利用空間。他們通過比例、節奏和平衡等特點來營造空間結構。

 要了解空間，可以試著以下活動：

- 問問題：它是發生在室內、室外，還是兩者都有？活動場地有何特點（例如空間外形和大小）？演出場地具體是如何分配的？每個部分都有哪些活動？
- 畫一個簡圖，包括邊界線和分界線。
- 拍攝活動場地與周邊環境。
- 向參與者和其它局內人／當地人詢問所發生的。你可以與他一起邊看錄像邊問問題。
- 列出此事件所使用空間元素的本地名稱。

鏡片 2：材料

材料是與事件相關的一切有形的東西。服飾、徽章、樂器、道具和燈光都是材料。對於活動的展開和體驗，有些物品比其它物品更重要。它們可能是人造的（比如面具），也可能是為了達到某種效果而特別設計的（比如用鷹的羽毛來預表皇家勳章）。物品可以用於很多方面，並且傳達多層涵意。例如，*Atumpan* 鼓（迦納）在樂團中相當於一個有功能的成員。它的形狀、顏色和結構也標誌著皇室的地位。因此，它具有功能性和象徵性的雙重作用。還請注意，有些物品也可能是事件活動之外的。

戲劇使用服裝和道具來表現人物特徵，並提供生動的場景。最常見的用來製造音樂效果的材料就是樂器。在舞蹈中，服裝和道具可以突顯動作。而講故

事的人可能會使用某個道具來勾勒出故事中的場景。視覺藝術家則會使用各種材料去創作。

 要了解材料，可以嘗試以下活動：

- 通過提問，列出與活動相關的材料：當時在場有哪些相關物件，包括結構（比如建築物）？人們特地為這次活動帶了什麼東西？人們穿了什麼？人們手裡拿著什麼或腳上踢著什麼？或者用其它方式操縱他們的身體是什麼？活動中有食物或飲品嗎？
- 寫下每個物件的相關資訊：物品的本地名稱和其它名稱是什麼？物品的物理特徵是什麼？這可能包括：材料、設計、結構、重量和長度。材料資源包括植物或動物纖維、礦物、金屬、塑膠和木材。

鏡片 3：參與者

在一場藝術活動中，幾乎所有在場的人都會以某種方式參與（有時甚至不在場的人也會參與）。活動中的每個參與者都影響著這個表演的形式。角色可以包括創作者、表演者（如歌手、樂器演奏者、演員、舞者、說書人）；觀眾（如狂熱的粉絲、觀眾、鬧事者）；後台工作人員（如佈景工人、舞台經理、領班、檢票員、保鏢、接待員）；製片人、導演和其它人。活動形式也與參與者以往的經歷有關，這些經歷可能包括他們的技能、親屬和其它人脈關係、日常生活中的地位和角色，以及他們的民族、宗教和社會身份。例如，牧師可能是唯一可以在一場宗教儀式中扮演特定角色的人。

 **要了解參與者，可以試著以下活動：**

- 問問題：
  - 有多少參與者（確保包括不在場的祖先或神靈）？
  - 他們各自的角色是什麼？
  - 參與者如何使用表演特性彼此互動？
  - 是否有明顯的模式或禮儀？
  - 活動中每位參與者的角色用當地話怎麼說？
  - 每位參與者就受訓程度、專業能力、名聲和職業／種姓地位而言都有哪些特質？
- 以錄音、錄影和拍照的方式記錄這場活動。
  - 詢問參與該事件的朋友，在此類的事件中你可以扮演什麼角色。要勝

任不同的職位，你需要具備或獲得什麼樣的背景和能力。在適當和可能的情況下，為將來能在此類事件中扮演的角色做準備。
- 制定時間軸，記錄參與者的個人行為及與他人的互動。
- 向參與者和局內人詢問所發生的事情。你可以一邊看視頻，一邊詢問。

像往常一樣，要尋找事物表面之下的深層內涵、象徵意義和它背後涉及到更廣的文化主題。

鏡片 4：事件展開的形態

描述一個文化事件的形態可以按時間順序把它劃分成不同的部分。通過記錄事件元素的重大變化來確定事件變化的起始與終點。當你通過其它鏡片觀察時，注意它們的變化。這些變化標記著事件發展的轉捩點。例如，這些標誌點可能包括參與者在表演上的停頓或反差。也可能是一場節目或一首歌曲的開始與結束。

比如，戲劇是一個能夠展現許多戲劇特徵的體裁，它分為不同的戲份與場景，不同的姿勢與動作。一場音樂會是由不同的歌曲、詩句、短語和音符組合而成。舞蹈類型可能由樂曲、主題和手勢組成。一種口頭藝術可能像詩歌一樣，包含詩節、行和節拍。

 要了解事件的形態，可以試著以下活動：

- 對事件進行錄音和錄像。
- 依以下步驟，建立一個時間表：

第一步

在觀看或收聽錄音時，把事件發展的脈絡順序記錄下來，並注意不同時間發生的事情。

時間	具體發生的事件
13:30	講故事的人開始到場
...	...
...	...
14:27	大家開始散場

第二步

再看一遍錄像或聽一遍錄音，注意其中重要的轉捩點（也許和局內人一起觀看效果會更好）。然後製作一張圖表，表格頂部寫下最大的時段部分。然後你可以繼續更詳細地劃分，把每個時段再分成子片段，直到你覺得切中所研究的核心為止。

時段 1 （5 分鐘）		時段 2 （12 分鐘）			時段 3 （10 分鐘）		時段 4 （3 分鐘）		
1A	1B	2A	2B	2C	3A	3B	4A	4B	4C

鏡片 5：表演特徵

表演特徵是人們在一個事件表演中呈現的結果。表演者在表演中使用獨特的技能和流程。他們懂得藝術形式的核心規則。一個表演者必須掌握好規則才能讓演出取得成功。表演的特徵可以歸為以下幾大類。

表演特徵分類

- **聲音特徵**：參與者在戲劇中使用聲音特徵來輔助表演。在音樂表演中，聲音特徵可以幫助參與者歌唱。在舞蹈中，聲音控制可以幫助演員調整呼吸去配合肢體動作。在口頭藝術中，表演者透過改變音高或音色去營造出不一樣的效果。
- **肢體動作**：在戲劇表演中，參與者在表演、角色塑造和空間佈局上都會使用肢體動作。在音樂表演中，參與者用他們的肢體來演奏樂器。在舞蹈表演中，舞句、身體和空間佈局都會涉及肢體動作。在口頭藝術中，參與者會使用肢體擺出不同的姿勢。
- **使用物件**：在戲劇中，人們利用擺弄物件來輔助自己表演。在音樂表演中，表演者可以通過使用物件來演奏樂器和潤飾嗓音。在舞蹈表演中，人們通過使用物件來輔助舞蹈動作。在口頭藝術中，使用物件可以輔助強化演說要點。在視覺藝術中，參與者會創作或展現一個作品，與大眾溝通。
- **視覺特徵**：視覺特徵在戲劇和舞蹈中都扮演著重要的角色。視覺元素包括服飾、妝容、道具和其它元素。在視覺藝術中，設計和構圖都結合了視覺特徵。
- **節奏**：構成音樂節奏的特徵包括複合節奏、比例節奏（proportional rhythm）和自由節奏。複合節奏是指兩種或多種相互衝突的節奏同時一起出現。比例節奏是由小節奏單位組成較大比例的節奏單位。自由節奏是一種沒有明確模式的節奏。
- **敘事**：敘事特徵在戲劇和口頭藝術中對事件的呈現和敘述都起著重要作用。
- **詩歌修辭**：最後，參與者在戲劇表演、歌詞和口頭藝術中會使用到詩歌修辭。

圖表十一：表演特徵分類

 要了解事件的表演特徵，可以試著以下活動：

- 無論你是在活動現場還是觀看錄像時，自由地寫下你對以下問題的答案：
  - 你聽到了什麼聲音？你看到了什麼動作、顏色、燈光和外形？你聞到了什麼味道？你有什麼樣的感受？你嘗到了什麼滋味？
- 你可以在活動現場還是觀看錄影時，自由寫下你對以下問題的回答：
  - 參加者使用他們的聲音在表示什麼？常見的聲樂動作包括歌唱、表演、演講、敘事或製造音效。

- o 參與者透過他們的肢體在做什麼？常見的肢體動作包括表演、演奏樂器和跳舞。
- o 參加者透過他們的言詞在傳達什麼？常見與台詞相關的活動包括詩歌、歌唱、表演、演講和敘事。
- o 參與者借用物件／道具做什麼？與物件常見的相關行為包括演奏樂器、表演、營造劇場、舞蹈、演講、敘述、作品展覽等。

鏡片 6：內容

內容是指藝術活動的主題或內容。它與手語或是舞蹈中的詞彙和動作等符號有著密切的聯繫。可能存在多層含義，而且含義可能是隱晦的，也可能是明確的。為了理解內容，你必須認識精通當地語言或其它溝通系統的人……不能只是猜測。

 要了解事件的內容，可以試著以下活動：

- 將整場活動拍攝下來。請一位朋友寫下人們所說的重要台詞和發生的任何象徵性動作的含義。
- 詢問參與者要通過這場活動傳達什麼。
- 詢問參與者，他們希望通過這場表演激發出觀眾什麼情緒或是想呼籲大家做什麼？
- 詢問參與者哪些話題讓他們感到憤怒、幽默、無聊或振奮。

鏡片 7：隱藏的符號系統

一個活動的參與者有著共同的心理和情感背景。在表演過程中，他們使用共同的原則、期望、結構體系、出發點和經驗，在任何特定的時間決定做什麼。隱藏的符號系統是他們共同的認知與理解，這也影響著他們對活動的構思和解讀。

一些潛在的系統很簡單，很容易找到。例如，印尼的加麥蘭（木琴）演奏有一個循環模式。這種模式可以輕易地透過銅鑼在敲擊間隔中發出的聲音而被識別出來。同樣地，施特勞斯的圓舞曲也按節拍分成三組，第一拍總是強拍，所以施特勞斯華爾茲不需要我們深入分析。又比如，在泰國 Likay 戲劇中，觀眾只需聽到一點點關於角色特徵和服裝的介紹後，便可以迅速判斷出劇中的典型角色是誰了。

要真正了解表演的隱藏系統也許不會那麼容易。你可能需要使用嚴格的方法進行深入分析。你可能需要採訪參與者，甚至親自參與。例如，影響歌曲旋律或節奏結構規範的原則並不總是顯而易見。舞蹈中，哪些舞蹈動作是被允許的也並非是可以輕易了解的。藝術家在繪畫中構圖的細節通常也並非可以一眼識破的。

本手冊沒有詳細記錄對隱藏符號系統的探索。

了解當地不同藝術形式與其所處文化情境的關聯

藝術總是與群體中的其它現實狀況交織在一起。你只有全面地了解這個群體的面貌，才能更全面地理解其音樂、戲劇、舞蹈、語言、視覺或烹飪的藝術特徵。

為了幫助你更深入地了解一種藝術形式是如何融入其文化的，請研究以下幾個方面。同樣，你可以選擇那些看起來最相關和最令人關注的活動。

藝術家

一個群體為實現他們的國度目標而製定的任何計劃，其核心必須是要了解藝術家並和他們建立關係。他們是神呼召我們學習、歡迎和鼓勵的人，也是我們共同創作活動中的主角。

 要了解從事某種藝術風格的藝術家，可以嘗試以下活動：

去結識與你目前研究的藝術形式相關的藝術家。你可以考慮以正式或非正式的方式向一個技藝純熟的藝術家學習。加入藝術家的個人世界和他們的藝術世界。坐在一位作曲家旁邊，觀察他或她是如何創作的。你可以去觀察一位藝術家是如何教導別人的，或是與他或她分享你的生活和藝術天賦。

 問問題：

- 這一藝術體裁的藝術家與自己的群體有何聯繫？
- 藝術家在這個群體中的地位如何？不同的藝術類型在當地的社會地位有差別嗎？（比如在為皇室打鼓，為個人生活中的重要事件創作歌曲，又或是為妓院創作淫穢戲劇等等）

第四步

- 人們如何成為這一藝術體裁的藝術家？他們是按照當地的社會結構（藝術家種姓），通過個人努力和技能成為藝術家，還是兩者的結合？

創意

每個群體都會創作出前所未有的東西。但是，每個群體——每種藝術體裁——都以不同的方式思考和創造新事物。

 要找出有關一種藝術體裁的創作方法，可以嘗試以下活動：

觀察、參與、委託他人創作新作品。當你參與在創作過程中，你會深入地了解新作品的誕生過程及其背後的藝術家。

 **問問題：**

- 新作品是經過深思熟慮後創作出來的，還是透過領受異象而創作出來的？
- 新作品是個人創作的還是團體創作的？
- 藝術家使用了哪些創作技巧？比如即興的，團體的，個人的創作？
- 這個群體是更注重現代化的工藝還是傳統工藝？

語言

在一場藝術活動中所使用的一種或多種語言和語言類型，可以揭示很多關於該活動與其更廣泛的文化背景的關係。地區或國家語言的歌詞，通常都顯示出作者在其地區或國家的身份。用少數民族語言的獨特字母編織的壁毯，也許強化了對自己族群的認同感。古語或特殊詞句也許不會出現在日常生活中，但這些元素在藝術創作中卻司空見慣。使用古老語言可能反映了與某種神秘感或恐懼相關的藝術體裁。該藝術體裁也可能因為其它原因，以古老的形式保存下來。

 要了解某種藝術體裁的語言，可以試著以下活動：

- 觀看或聆聽一個文化活動的錄音或錄影，或與某位行家一起觀賞藝術品，列出關於這件作品的藝術表達特點，包括其中所使用到的語言，並回答以下問題：
    - 這個表演使用了什麼語言或方言？其中是否穿插著一些外來詞彙？
    - 你能想像有人在正常的講話中也這樣說嗎？或者這是一種特殊的語言表達方式嗎？

傳承與改變

貫穿本手冊的一個重要主題是，一切都隨著時間而改變。人們將他們的技能和知識傳遞給其它人，但傳承的過程從來不會完美無缺。技藝的傳承可以通過正式的培訓、非正式的觀察、導師指導或個人的探索來實現。

 要了解一個藝術體裁在其歷史上是如何變化的，以及它現在是如何變化的，可以進行以下活動：

- 採訪文化活動的參與者，了解他們是如何掌握當下這門技藝的。獲得他們的允許，去參加或觀看他們的排練過程。當你觀察時，注意人與人之間的互動，比如，人們怎麼對待博學多識的人，以及這個過程中涉及哪些物件。
- 如果這個活動是長期保有傳統的一部分，詢問年長的人過去的藝術家是怎麼學會的，什麼時候學會的。然後詢問他們是否仍然以這種方式學習，如果不是，是什麼打破了這種傳統的教授模式。
- 找出有關這種藝術形式的新舊錄音或範例。邀請一位內行人一起鑒賞，並詢問兩者間的差異，也詢問是什麼導致這些差異。

文化動能

一個健康的群體總是在延續和改變的交替中前進。一種藝術體裁往往都是透過它的可變與不可變元素的相互作用下發展並維持自身活力的。一種藝術體裁的不可變性是指那些不能被變更的元素。它們會規律地出現特定的時間和地點。不變元素有著非常古板嚴格的結構。而一種藝術體裁中可變的元素則是隨著時間而改變的。它們的可預測性低（比如常與即興元素相伴），結構相對鬆散自由。當藝術家能夠爐火純青地使用他們藝術中可變的元素去強化最不可變的元素時，文化動能就會發生。

 要了解一個藝術體裁的動力，以及這種動力的產生過程，可以向活動的參與者提出以下問題：

- 確定不可變的藝術元素：哪些藝術形式或它的某些方面最有規律性地出現，但其內部結構嚴謹，可變性最少？
- 確定可變的藝術元素：哪些藝術形式或它的某些方面出現的可預測性較低，組織結構較為鬆散？
- 要了解可變和不可變元素之間的相互作用：這種藝術體裁可變和不可變的元素之間是如何相互影響的？

第四步

身份和權力

當地群體可以通過藝術表演來肯定或反抗社會現狀或權威。有時特定的藝術形式為地位較低的人創造一個公開與他人交流的平台。若是誤解了人們對權力關係的看法,可能會導致不必要的爭執。

 要了解身份和權力是如何在文化事件中體現出來的,可以嘗試以下活動:

- 抄寫下任何與此事件相關的文本,如歌詞或故事內容。查看是否有明顯表達肯定或反對一個人、一個機構或其它團體的資訊。跟朋友謹慎的討論可以幫助你發現是否有隱藏的資訊。
- 觀察文化事件。在這場活動中,參與者有沒有以你在其它場合從未見過的方式挑戰權威?藝術行為可以為爭論或解決衝突提供一種安全地發聲的方式。
- 試問參與者以下問題:表演者是如何用藝術語言去肯定或反抗權威的?哪些人參與了這場表演?為什麼?其中是否包含了一些隱藏資訊?字面傳達的資訊是肯定或反抗某個人或機構的?

審美與評估

人類傾向於用自己的藝術標準去評判別人的藝術,我們必須幫助自己和他人不要這樣。你可以了解與你合作的群體中的人們一般是如何進行方法修正及評估的。

 要了解審美與評估,可以進行以下活動:

- 詢問一個朋友,他/她如何(或是否)去指正比自己年長或年輕的人。那麼,他/她如何(或是否)指正比自己地位較高或較低的人。在某些情況下,人們也許會看重直接指正問題。而其它情況下可能更傾向間接指正。
- 繼續向同一位朋友請教,上述提到的那些人又會如何指正他/她。

透過以下步驟了解更多關於當地對藝術形式的評估方式:
- 詢問人們,哪些因素會決定一件藝術作品的好與壞。
- 觀察專家們是如何向其它人(也許是你)傳授此藝術形式的。寫下專家給出的建議,以及所指出的錯誤。你可以通過聆聽所提出的建議和指出的錯誤來揣摩理想的形式。

- 留意哪些放在突顯的物件。留意那些人們懷著敬畏之心去談及的物件。要特別留心去觀察那些需要人們用特殊技能和時間創作的作品。那些引人注目、受人尊敬、別具一格的作品通常會表現出一些理想化的特質。詢問人們，哪些因素決定了一個作品的好與壞。

時間

人們通常在一個文化事件中以特定的方式去思考和體驗時間。參與者或許感覺到時間飛逝，或許感覺時間似乎凝固起來，又或許是以一種難以言喻的方式在經歷時間。架構、流程與時間可能與它所發生的文化語境模式有關。最後，在許多群體中，某些文化事件只在特定的農業、宗教或其它曆法週期的時間點發生。

 要想知道某個文化事件發生的時間，可以嘗試以下活動：

- 在活動結束之後，向參與者詢問如下問題：你怎麼會知道在什麼時候做特定的事情？你是怎麼樣經驗時間的？你感覺事情是一個接一個地發生，還是在重複循環出現，又或像海浪一樣波動？你感覺神聖嗎？還有哪些時候你對事件會有同樣的感受呢？
- 請一個藝術群體的專家，描述一下在表演過程中時間的變化，看看他們的描述是否和當地的曆法週期有直接的聯繫？

情感

表達和喚起情感的能力是藝術溝通最為顯著的特徵之一。藝術可以直接將聲音、視覺、動作、氣味或味道與強烈的、充滿感情的記憶聯繫起來。而且，藝術通常也可以為人們宣洩內心的情感，比如，它為哀慟和悲傷這樣強烈的情感提供了一個為大眾所能接受的釋放方式。

 要了解當地人的情感表達，可以嘗試以下活動：

- 觀看一段文化活動的錄像，記錄參與者（包括觀眾）表達了什麼情感。再向在場的人請教，看看他們是否認同你的解讀。
- 與在場的人一起觀看一場藝術活動的視頻，留意在場觀眾所表現出的情緒反應，尤其當看到有喜悅、驚訝、悲傷、輕蔑這樣的情緒流露時，你可以按下暫停鍵，向觀看的人請教如果他們自己在現場，他們會有什麼反應。列出他們用來描述自己情緒的詞彙，以及在表演中那些觸發到他們情緒的元素。

內容

歌曲、諺語、戲劇、壁毯和其它藝術都有口頭內容。其內容來自參與其中的個體和集體的思想、經歷與歷史。藝術溝通有時會揭示一些無法通過其它管道獲得的資訊。藝術家有時可以藉著藝術去談及一些通常難以言喻的話題。

其它時候，藝術溝通用讓人難忘的形式揭示當地群體的價值。諺語就是一個通過耳熟能詳的方式讓人將道德價值觀銘記於心的範例。諺語中所涉及的內容典故或許有比喻意味又或許有其它隱含的意義。而其中所蘊含的意義也許比你初次的理解更廣更深。

 了解藝術作品的內容，可以試著以下活動：

- 列出事件中包含口頭內容的元素，如歌曲、諺語或故事。請專家一一描述這其中所涵蓋的內容資訊。向他人請教：這是關於什麼的？他們想要傳達什麼？這其中有什麼教導嗎？那教導的對象是誰呢？

- 當你觀看一個活動的錄影或閱讀文字記錄時，邀請一些現場參與者列出活動中所涉及的人物、物件、地點、事件或者其它神靈。請他們對其進行描述，將他們的分享錄音或記錄下來。

所展現的群體價值觀

藝術溝通通常為當地人提供了一個挑戰當地權威的平台。然而，藝術家如何策劃並進行溝通，也許可以揭示有關當地群體的價值觀和社會結構方面的重要資訊。嘗試回顧社會參與者與實體組織參與者的特點，以便更深入地挖掘其背後所反映出的群體價值觀。

 要探索某個藝術活動與其有關的群體價值觀之間的聯繫，可以試著以下活動：

- 觀察一個事件，然後提出問題：參與者是如何與事件中的權威代表互動的？這與在其它場合中的互動有何不同？
- 實體組織的參與者是否體現出一種等級結構，像交響樂團演奏者的座位一樣，分為不同的等級？或是參與者的位置是平等安排的？這些問題的答案可能會反映出當地階級制或是平權制度下人們的價值觀。
- 有沒有什麼特殊的形式存在讓參與者可以表達自我？有哪些特質讓現場氛圍變得自由或是拘束？這些問題的答案可能會反映出當地群體普遍會遵從或反對的價值觀。

社群資源投入

一個群體在不同類型的藝術活動上投入的精力是截然不同的。一位祖父對他的孫女講諺語，只涉及到兩個人。它不需要準備，不需要花錢，最多只需要幾秒鐘的時間。但是，喀麥隆西部一位國王的葬禮可能會持續一個月。整個葬禮也許會包括數百人，也可能需要大量的資金去支付在食物、交通和禮品上的花費。

 要了解一個群體對某項活動的投資，可以觀察、採訪並寫下以下資訊：

- 表演所需時長
- 時間觀念：嚴謹還是鬆散
- 所需準備
- 表演所需成本
- 表演場地的選擇：高端的還是低端的
- 表演空間：檔次、大小、經費、獨特性
- 參與者：人數限額、社會地位、特殊人群、技術水平或專業程度
- 複雜性：多少相關特性

探索教會藝術

如果當地有一個教會，我們願意幫助她同時在教會內外拓展神的國度。為此，我們開發了專門針對基督徒群體可使用的工具。我們把教會當作特殊的群體，至少有兩個原因。首先，教會是基督的身體（西一 24），所以我們心繫他們的教會生活。其次，教會存在於特定的地方，但她同時也與不同地方的人相連接。而這些更廣泛的社群可能包括地區性的宗派、國外宣教機構、天主教或東正教會系統等。因此，為了幫助教會更全面地事奉上帝，我們需要協助他們全面地審視本地所有的藝術，無論這些藝術是來自哪裡。

為了幫助你去協助教會，我們包括了兩項活動。第一項是了解和評估教會裡所使用的藝術形式，它包含三個子活動。第二項活動是比較舊約中樂器的使用，透過比較學習，我們可以看到同樣的樂器是如何被用於不同的目的。

第四步

識別與評估教會中所使用的藝術

1. 探索教會中的藝術

要考察一個教會的藝術生活,其方法類似於我們在「初步接觸一個群體的藝術」(第一步)中對所處群體的介紹。將你所觀察收集的材料整理到「當地社群藝術概況」中,召集教會裡不同的事工領袖和參與者,一起來完成以下的活動:

列出涉及到教會生活的所有場合

這些場合也許會包括以下所提及的形式,但也不局限於此,比如:查經學習、家庭聚會、主日學、成人教育、集體敬拜、屬靈引導、彌撒、假期聖經學校、兒童事工、食品分發、探訪病人、特別儀式(洗禮、婚禮和葬禮)、醫治事工、假日慶典、集體出遊、退修會和營會、外展活動、節日、音樂會、守望禱告、個人或家庭靈修。建議從下列清單入手。

教會事件與活動	使用了哪種藝術體裁?

列出所有在這些場合中所使用的藝術

針對小組列出的各種不同場合,注意人們是否使用了某種形式的藝術(體裁)溝通。如果是,請記下它的形式。在基督徒群體中常見的藝術形式包括歌唱、講道、話劇表演、講故事、雕塑、雕刻、空間設計、焚香、跳舞、製作橫額、繪畫、閱讀或朗誦詩歌。另外要注意,儀式在基督徒群體中也很常見。它們本身可能是藝術事件,通常包含了藝術元素,比如,它們會以話劇或歷史劇的形式出現。建議從上述表格開始入手。

列出所有有藝術恩賜的人,不論他們是否在教會裡使用這些恩賜

對於基督徒群體中每一位受過藝術訓練和有恩賜的人,列出他們所擅長的藝術和特殊技能(例如:作曲、表演、繪畫)。教會的領導可能沒有意識到教會成員其實擁有許多恩賜。在這種情況下,你可以通過簡單的問卷或口頭採

訪來幫助他們進行更徹底的調查。建議可以從填寫下列清單開始入手。

擁有藝術訓練背景或藝術恩賜的人	屬於哪種藝術體裁？

2. 對比教會群體和大眾群體所使用的藝術

下列步驟可以幫助教會學習如何更好地與周邊群體建立連結。請特別參閱第二步「教會生活」和「個人靈命」的內容。請記得，這屬於更宏觀過程的一部分，在這個過程中，教會嚴謹地評估不同藝術體裁的潛在用途。建議從下列清單入手。

- 參考上面你所列出有關基督徒群體在不同場合所使用的藝術種類。
- 參考你在第一步建立的在教會周圍所使用的藝術體裁檔案。
- 標註出教會內外所流行的每一種藝術形式。
- 對於在教會內外都會使用的藝術體裁，討論並寫下它們在不同場合中所表現的不同特點和目的。
- 列出大眾流行的但不被教會使用的藝術體裁。討論不被使用的原因，並探索它們可以被使用的潛力。

教會中使用的藝術體裁	在教會之外是否會用？（是／否）

3. 審視目前基督徒群體的藝術是如何達成其目的

在第二步中，我們強調了一個基督徒群體也許會有所行動來擴張神國度的原因：加深集體敬拜、提升屬靈生命、傳揚福音見證等等。通過簡單的查經，我們看到了藝術在聖經中的使用包括以下很多方面：慶祝勝利（出十五章），

行軍（撒下六章），敬拜（代下五章），文化節慶（代下三十五 15），悔改（詩五十一篇），舞蹈（代上十五章），葬禮（太九 23），堅固教會（林前十四 26），表達喜悅之情（雅五 13），表達悲傷（詩六篇），屬靈爭戰（代下二十 21-23），以及醫治（撒上十六章）。需要謹記的是，在聖經中所提及的藝術不一定都是用於正面的目的，比如：亞倫製作了一隻金牛犢作為偶像（出三十二章），但我們不應該模仿他。

此外，聖經中提及的藝術是為了用在教會中，包括懺悔、見證、禱告、教導、感恩、門徒訓練、哀悼、傳福音、鼓勵、勸勉、更新思想、和解、饒恕、指正、紀念、建立團結、創造對應情境、作見證。雖然我們不能詳盡列出所有潛在的目的，但我們相信，每個教會需要確定自己做事的動機，這樣才能更好地審視他們所使用的藝術是否有助於目標的實現。分析審視的過程也可能會引導大家看到其它可採納的符合聖經價值的目標。下面的步驟可以幫助你做到這一點（建議從下列清單入手）：

- 參考基督徒群體在所有場合使用的藝術清單。
- 選擇一個會使用到藝術形式溝通的場合，並列出它的目的。參考上面的內容去展開思考。
- 列出在每個情境中所使用的藝術溝通形式，是如何支援或削弱其目的的。與小組討論並且思考教會可以在哪些方面做出改變。
- 用你發現的東西來激發第五步中的活動。
- 重複實踐教會的其它事件與活動。
- 在教會中使用藝術的一個事件 / 場合：＿＿＿＿＿＿＿＿＿＿＿＿＿

事件 / 場合的目的	此事件 / 場合使用的藝術

事件 / 場合中所使用的藝術，對事件的目的起了支援作用還是削弱作用？

比較舊約中的樂器

有時教會對特定的藝術物品（如樂器）或藝術體裁會產生消極的聯想。下面的圖表向我們展現了藝術品本身其實不存在善與惡，它是中性的。相反，是

人心決定了這件藝術作品是否符合神的心意。可以根據以下步驟，幫助教會去了解這個真相。

1. 沿著黑板或白板的頂部寫下參考經文。
2. 請某個人大聲朗讀每一段，然後讓這組成員說出提到的每一個樂器。把樂器的名稱寫下來。
3. 請留意那些在表格中多次出現的樂器，並把它們圈出來。
4. 讓每個小組依次介紹每個文化活動的目的，並把它們記錄下來。
5. 看看這個小組成員是否能找到羅列出的樂器和其目的之間的關聯。
6. 詢問他們從這個練習中學到什麼，並且如何將這些原則應用到教會藝術中。

但三 5 王宮中 （虛假的敬拜）	賽五 12 醉酒筵席上 （世俗的集會）	詩一五〇篇 讚美神 （誠實的敬拜）	撒下六 5； 代上十五 16-29 宗教行軍 （真實的敬拜）
長笛		長笛	
獸角		羊角號	羊角號／銀號
笛	笛		
豎琴	豎琴	豎琴	豎琴
琴瑟	琴瑟	琴瑟	琴瑟
笙		絲弦樂器和簫	
各種樂器			
	手鼓	手鼓	手鼓
		鈸	鈸
		高聲的鈸	
			撥浪鼓
		舞蹈	舞蹈

第五步

激發創意

激發創意的活動可以是任何人為創作新的藝術而做的任何事情。在不同的地方，創作活動所需的社群投入也不同，有高有低。例如，某人可能在午間會面時，建議一個朋友畫一幅畫來回應一篇演說。她簡單的建議激發了創作一幅新畫的靈感。這個建議涉及到的社群投入比較低。而策劃一個節慶則是更複雜的創作。它也許涉及許多藝術家和政府官員。策劃一個節慶是一種創作的行為，需要較高的社群投入。

激發創意的活動可能會帶來立即的回報，也可能為未來的創作提供架構。例如，藝術家可以通過激發創意的活動來學習如何製作、調音、演奏某種傳統樂器。他們的學習為日後創作新歌奠定了基礎。最後，「激發創意」的活動可以應用在「共創本土藝術」七個步驟中的許多或全部步驟，或者也可以專注在其中某一個步驟。這類工作坊通常包括指明國度目標（第二步），分析藝術體裁及其應用場合（第四步），以及慶祝新作品的誕生並推廣傳承（第七步）。其它活動則可能單單只注重創作。無論如何，群體都需要在整個共同創作過程的情境下，體驗激發創意的活動。

如何組織一項激發創意的活動

A. 準備使用熟悉的創作方法

每個群體，特別是每個有創造力的人，都有慣用的創作。你希望盡可能多使

用他們的模式。在 Mono 族（剛果民主共和國）的一個例子中，曾有人請求一位音樂家根據耶穌的一個比喻創作一首新的 gbaguru。這位音樂家問了一些問題、思考了一會兒，便開始在 kundi 上彈奏重複樂句，接著他說需要獨處的空間來寫歌。其它創作人則可能需要與同伴合作或群體創作。有些創作人可能會選擇使用鉛筆和紙，有些人從夢境或異象中獲得靈感。有些創作人是別人支付傭金才工作，其它人則隨性所至即興創作。創作人在創作新作品時可能會使用多種方法，你和群體設計的活動很可能同時包括熟悉和新型的創作模式。

 描述一下你所選擇的藝術體裁是如何產生新作品的。創作過程是怎樣的？

B. 謹慎思考關鍵創作人

我們這裡用「創作人」這個詞來指任何從事創造活動的人，包括畫家、織工、劇作家等等。我們離不開關鍵創作人，因為他／她具備藝術才能、技巧和對他人的影響力。你要尋找那些能夠創造出最好作品的人。關鍵創作人還應該具備相關資歷，能夠幫助專案在群體中傳播。

在某些群體中，符合這些條件的人可能很多。但在某些地方，選擇卻可能非常有限。例如，藝術體裁的選定有時就自動決定了創作人和表演者的性別。當地人應該能夠為你列出可能有經驗的創作人員名單。

在一些文化中，群體對於為他人寫歌的創作人具有一個確立的角色。在西非，特別是受伊斯蘭教影響的地區，就有 griot（讚美歌手）這樣的角色。舉例來說，在奈及利亞、貝南和迦納穆斯林的讚美歌手曾同意以聖經經文創作並錄製經文歌曲。[9] 你要調查你所在地區的音樂文化，看看當地是否已經有委託創作的形式，有職業創作人以創作換取現金報酬。這樣的「雇傭創作人」也出現在一些亞洲文化中，包括尼泊爾和菲律賓的部分地區。

如果你在一個基督徒群體工作，找到一個既是基督徒又有經驗的創作人可能是困難的。在某些藝術體裁中，找到這樣的人物幾乎是不可能的。在這種情況下，可以考慮委託一位非基督徒作曲家創作這首曲子。但你應該考慮以下問題：

- 這位創作人是否感興趣？
- 他／她是否受到群體其它成員的尊重？
- 如果他／她已經很有名氣，這將阻礙還是幫助人們對新作品的接受？
- 當地基督徒如何看待這個想法？

---

[9] Klaus Wedekind, "The Praise Singers," *Bible Translator* 26, no. 2 (1975): 245–47.

第五步

 討論你想要尋找什麼樣的創作人,他或她是否有空、容易聯繫,有沒有特定的人可能擔任這個角色,以及如何與他們有最好的互動。

C. 識別機會以達最佳效果並克服障礙

你要識別一個群體在該藝術體裁的創作上有什麼相關的障礙與機會。以下是幾種常見的一些事例:

機會／機遇

- 有才華的藝術家渴望在新的環境中使用他們的天賦／恩賜
- 政府對促進當地藝術形式感興趣
- 越來越多的人認識本土藝術的價值,並擔心它們會在大群體中流失
- 群體中受尊敬的本土藝術佼佼者,能夠引導創新的人

障礙

- 對在某些領域使用本土語言和藝術形式持負面態度
- 缺乏與藝術體裁相關的知識和技能
- 對群體的變化漠不關心
- 因為城市化和全球化的緣故,對本土文化形式的興趣減弱

 **在與群體成員討論這些事例以後,詢問:**

- 什麼可以幫助我們激發該體裁的新作品蓬勃地發展?在設計激發創意的活動時,我們如何利用這些機會?
- 什麼可能會阻止我們實現這樣的發展?在設計激發創意的活動時,我們如何克服這些障礙?

D. 組織活動

激發創意的活動有很多種。以下是你可按需要選擇的一些活動類型:

委任創作

請求一個或幾個藝術家按著彼此協定的目的,為一個藝術體裁創作新作品。委任創作一般由以下幾個步驟組成:

1. 與這群體一起識別以下專案：
   - 該作品可以在哪些事件／活動中被創作
   - 創作此作品的目的（如：文學、教會敬拜、群體發展）
   - 創作的體裁（如：俳句詩、歐隆荷、百老匯音樂劇）
   - 內容
   - 創作人

2. 然後：
   - 在創作過程中與創作人合作，包括對作品的評估和修改
   - 為該群體的其它成員和活動組織者做好公開呈現的準備
   - 探索其它發行方式，包括錄音
   - 探索這個作品或其它類似方式，能如何深入這個群體的其它領域

尋找對於藝術家、體裁和事件恰當的報酬方式。報酬的形式可以是金錢、服務、物品、社會資本，或因友誼而生的善意。你要與藝術家建立尊重和信任的關係。

考慮委託者在過程中的角色。究竟誰有權決定什麼是好的，什麼需要改變？藝術家有多少自由度去創新？在創作過程開始之前，委託者和藝術家應該盡可能地就各自的角色達成共識。

你也可以委託自己去創作一個新的作品，但前提是要在與群體關係的基礎上。

工作坊

工作坊是一種短期的事件，通常為期一兩周左右，是將人們聚集在一起，共同完成一項特定的任務。當參與者相互集中交流時，可以完成很多事情，取得許多成果。

讓一個機構來負責工作坊的後勤是很有幫助的。為工作坊設定目標也很重要。目標可以是為教會敬拜創作歌曲，或創作和錄製含有戲劇內容的作品，通過電台或其它媒體發行。關於工作坊的樣本概要，請參閱 CLAT 英文完整版手冊的步驟 4D，也可另外參考托德和瑪麗貝絲・薩爾曼（Todd and Mary Beth Saurman）在 DVD 手冊中介紹「策劃藝術工作坊的想法」的部分。

作品展

你可以幫助一個群體策劃或舉辦一個節慶或比賽來凸顯當地藝術體裁的創造力。節慶是用來展示一個群體的文化認同和創意成果的活動。一些已有慶祝

聚會的民族或宗教群體，可能對納入基督徒創作的新藝術作品持開放和包容態度。開始一個新的節慶傳統也是有可能的，基督徒可以慶祝上帝賜予他們的藝術恩賜，為新的傳統增磚添瓦。設立最佳新作品的獎項，可以增加活力，使人振奮。節慶為群體內不同的基督徒、文化、宗教和其它團體之間的合作提供了良好的機會。

作品展通常包含五個階段：

1. **想像與策劃**：我們該如何從這步走到那步？活動規模越大，需要的策劃就越多。有些群體擅長制定詳細的日程表和目標，其它群體則擅長通過有機的社會動能來舉辦各種精彩的慶祝活動。你可以貢獻不同的想法，但不要強加一個系統。
2. **推廣與建立人脈**：我們如何確保主要藝術家和廣大公眾的參與？節慶有時會納入競賽或獎項來激勵藝術家們。你要確保清楚地傳達獎項是預備給哪些藝術種類，以及如何評價它們。
3. **展演的構成與準備**：藝術家是否有時間和資源去創作和實踐？
4. **展演活動的運作**：隨著活動的展開，試著營造一種有共同目標、靈活又歡樂的氛圍。同時，盡量讓更多的人參與在活動中。
5. **評估和規劃**：在活動結束後，花點時間以能體恤的態度來評估一下與關鍵人物的合作狀況，思考這個展演與 CLAT 七步驟的關係，並討論未來舉辦類似展演的可能性。

指導

有時，由於你的年齡、教育程度或社會地位，你可能會與某個藝術家或一群藝術家建立長期的關係，這種關係通常是隨著個人關係和共同目標而發展起來的。導師可以影響並幫助被輔導者在專業上、屬靈上和品格上繼續成長。這樣的指導關係可能會打開新的機會之門，讓彼此分享生活中有啟發的故事。導師與被指導者之間也是互相學習的。如果雙方是跨文化的關係，被輔導者也可以給導師傳授技能和文化見解。隨著時間的推移，兩者之間的關係往往會越來越深入，也越來越令人滿意。

結構化的學徒制

學徒制的結構與現存的文化在形式上是一致的。在學徒期，藝術專家可以把他們的技能和知識傳授給自己群體中的其它成員。當一個群體中有某種藝術體裁的專家存在，而傳授該體裁的情境正在淡化，但群體中的成員又很重視該體裁的時候，結構化的學徒制便有了意義。一個群體可以通過以下方式開

展一些項目：
1. 選擇要教導的藝術體裁
2. 選擇此體裁的大師
3. 選擇學徒
4. 設計訓練的情境
    a. 要與熟悉的教育形式有關
    b. 要考慮師傅和學徒可以承諾並委身的地點、時間和頻率
    c. 要涵蓋對體裁至關重要的知識、技能和態度
    d. 要持續足夠長的時間，讓學徒的能力水準達到可延續的狀態
5. 實際執行
6. 在實施過程中，探索學員如何能繼續發展他們的技能，並能夠在各種情境下演示

發表作品／出版作品

幾乎任何一種活動，只要能把思想和藝術創作轉化為媒體記錄，就會取得更長遠的成就。各種各樣的論文、錄音和電子數據讓思想和藝術得以超越單一的時刻。出版作品所觸及到的人群也不再只拘泥於一個地方。期刊和網站使信息傳播和激發廣泛話題的討論成為可能。音訊和視頻產品為培訓計劃和娛樂提供了內容。當人們開始忘記之前發生的事情時，出版作品就變成了歷史和傳記的寶庫。總體來說，規劃一份出版作品包括以下方面：

1. 決定目標觀眾
2. 確定編輯、顧問和貢獻者
3. 徵求、選擇與準備要出版的材料
4. 確定出版的發行方案
5. 確定正在進行的出版時間
6. 進行出版與發行工作
7. 開發和使用反饋工具（電子評論、致編輯的信件、調查等）來幫助確認過去的有效性和規劃未來的發展

創作者俱樂部

藝術家們經常成立協會、俱樂部和獎學金來彼此鼓勵，互相切磋評論作品，進而分享資源和想法、表演，並在作品上合作。藝術家俱樂部定期在特定的地點和時間聚會，他們對彼此都有期望，儘管期望可能並不高。他們經常專注於特定的藝術形式與目的。

第五步

每個小組都各不相同，但若要開始或調整小組時，你應該考慮以下幾點：
- 選擇一個能容納成員，並允許進行藝術活動的會議地點與時間。
- 討論小組目標和成員期望。根據小組的意願，這些目標可以是非正式又靈活的，也可以是既嚴格又明確的。
- 如果這個小組是教會的一部分，或者想為基督徒群體創作一些東西，就可以把靈命造就融入到活動中。藝術家的創作行為就像上帝一樣（但只有祂能從無創造），然而有時候，藝術家會墜入不健康的創造力應用中。禱告、聖經學習、彼此守望等原則可以為所有藝術家的創作方向和表演提供屬靈指引。

 討論並選擇在這個 CLAT 過程中最有效的活動類型。

 描述你將使用的活動

以下圖為索引，描述該群體所選擇用來執行激發創意活動的每個元素。

設計激發創意活動時應記下的事項

- **標題和概要：** 簡要概述活動及其主要目的。內容需要包括它的整體類型：委任創作，工作坊，作品展，指導，學徒制，發表作品，創作人俱樂部，或其它方面。概述不要超過一個段落。
- **參與者：** 活動的順利與否與所有人息息相關。這可能包括各種各樣的創作者和把關人。盡可能把實際的人員確認下來。
- **你需要從 CAP 取得的東西：** 即人們需要了解這個群體或藝術體裁的活動成功的資訊。請注意哪些資訊已經在群體藝術的檔案中，哪些還需要探索。其中有許多是你在第四步中尚未實踐的研究活動。
- **所需資源：** 資金、技術、後勤、官方和其它開展活動所需的要求。
- **任務：** 某人為開展活動而需要完成的工作。你可以根據你的具體情境，詳細或廣泛地記錄相關內容。
- **宏觀分析：** 列出三個清單。
  1. 活動中包含的 CLAT 步驟。
  2. 在活動之外執行的 CLAT 步驟，例如其它人已經分析過的事件／應用場合（第四步）。
  3. 計劃將來要彌補的步驟。

圖表十二：設計激發創意活動時應記下的事項

第六步

改進創作成果

「污穢的言語，一句不可出口，只要隨事說造就人的好話，叫聽見的人得益處。」（弗四 29）

新作品的評估應該依據你與該群體達成共識的標準。要記得，評估的目標是建造，而不是毀壞。評估的目的是為了建立，而非摧毀。還要注意的是，群體若在集體創造過程的開始，就招募了正確的人，這樣就能大大降低批評的需要。參與這個過程的人包括社會領導人和宗教領袖、專業創作人和專業表演者。

你如何判斷藝術是好是壞？評估是複雜的。然而，你可以借助有用的評估工具。

信任當地的體系

同一群體的人通常會對一件藝術作品的好壞持有共通的看法，並用他們的方式來溝通需要改進的地方。請進行「審美與評估」（第四步）的研究，了解正常情況下，該群體是如何提出指正的。在某些情況下，他們可能會阻止低劣作品以後被展演的機會，以此方式來淘汰它們。

通過效果來評估

在第三步中，你確定了新藝術的預期效果。新的作品應該影響一個群體的成員朝著國度的目標前進。你需要評價一個新作品是否達到了預期的效果，觀察並詢問人們對新藝術的反應。有你想要的效果嗎？例如，一個演說家可能

打算激勵人們參加慶祝他們民族身份的遊行。然而,如果參與者只是心不在焉地看一看就回家了,那麼他的演講就失敗了。

保持放鬆,不斷學習

你不可能什麼都學,所以你要:
- 觀察人們的反應
- 聆聽他們說什麼
- 定期進行與你正在研究的體裁相關的活動(參第四步的例子)——可以每周或每月進行一次
- 確定什麼時候應該進行什麼樣的評估

確定什麼時候應該進行什麼樣的評估

評估可以在作品初始建立的過程中或在創作人展演作品之後進行。

 執行下面「有效評估法」中所描述的活動(有些人稱之為「評判處境化」)。你可能需要在創作本土藝術的過程中進行多方面的評估。

有效評估法

通過當地的社會結構來進行鑒別與工作,並共同定義評估現存作品與新作品的標準。在聚集人們之前,先要確定藝術事件的以下幾個方面:

- **元素**:空間、材料、參與者、事件展開的形態、表演特徵、情感、內容、主題和群體價值在作品中如何被運用。
- **目的**:包括教育、鼓勵採取行動等等。
- **人物**:評估過程中需要包括的人員。這些人需要具備評判各種元素所必需的知識、技能和聲望。你也可以邀請不同年齡和群體的人。
- **事物**:能為討論提供焦點與參考的事物,好讓你不必完全依賴記憶來進行評估。這些東西可能包括歌曲文本、戲劇腳本、樂譜、面具、舞蹈動作,以及視頻和音頻記錄。

將相關的人集合起來,演出或展示藝術作品,然後遵循以下步驟:
- 共同確認創作的各方面運作良好。
- 探討人們所接收到的涵意是什麼,就作品的藝術體裁而言,它的自然度如何,它在多大程度上能代表自己的群體,以及人們是否認為它會實現你所決定的目的。
- 鼓勵創作人根據評估結果精益求精。

圖表十三: 有效評估法

第七步

慶祝新作品的誕生並推廣傳承

我們不希望為著神國度而新創的藝術只是曇花一現,而是能夠一次又一次,綿延不斷,所以規劃未來也很重要。與該群體一起反思他們是如何互相傳授新歌曲、舞蹈和雕刻技能,就是一個非常好的開始。若可行,這些傳播方式應該包含在他們未來的規劃中。為了持續創作,群體中的成員可能會決定不斷激發創意活動,如開展工作坊或委託創作。現有的社會團體,如舞蹈協會或識字班,也可能有繼續創作的動力;或者這些群體決定創建新小組,透過定期聚會來幫助成員為國度目標而創作。

如果你從一開始就遵循著 CLAT 的流程,那麼這裡關於創作新作品及推廣傳承就無需多說了。這正是因為:讓一件事情保持良好狀態最重要的方法就是以正確的方式開始。這個過程鼓勵你去建立關係、鼓勵別人去創作、去了解和重視藝術家、去計劃,把所有重要的藝術家和決策者都包括在激發創意的活動中,推動藝術作品的產生與展演。

為了幫助你和你的群體不斷思考如何讓事情持續下去,我們總結了一些建議。在反思這些指導原則時,你將意識到它們有時是相互對立的,而實際的生活正是如此。如果一個群體能聆聽上帝,並在智慧中成長,他們就會做得很好。

鼓勵群體把有意識的創作變成一種習慣

再次使用本手冊中共同創作的流程:步驟一至七。一個群體越使用這個流程,

這些步驟就會越自然而有效地貫穿於成員的生活中，成為一個為人熟悉、有規律的過程。

鼓勵最能為神國度作出獨特貢獻的藝術得以延續

全球化、城市化、宣教活動、戰爭和其它因素往往使人們貶低了弱小民族的藝術價值，對他們的群體興趣愈發冷淡（儘管這並不是一定的）。啟示錄二十一章的結尾表明，每種文化的元素都將延續到天堂。當我們都以相似的方式唱歌、跳舞、表演、繪畫和傳講真理時，我們其實是讓地上的全球教會和天上的方式變得枯竭（至少在進入新天新地之前是如此）。所以，不要以為全球趨勢一定是上帝的計劃，我們每經歷一點上帝創造的多樣性，都會幫助我們更認識上帝。

鼓勵最脆弱的藝術得以延續

我們應該特別留意那些處於世界邊緣的藝術家和他們的藝術形式。上帝的形象也在那裡。

 鼓勵最有可能蓬勃發展的藝術得以延續

我們希望新穎的藝術能在群體中產生積極的影響，因此，那如野火般蔓延的創新是多麼偉大的事情。

 持續禱告，幫助實現耶穌的禱告

耶穌教導我們禱告和實踐這些話：「我們在天上的父，願人都尊你的名為聖。願你的國降臨。願你的旨意行在地上，如同行在天上。」（太六 9-10）你的群體可以不斷進行創作，以超乎你想像的方式將天與地連結起來！

關鍵參考資源（一）

群體藝術檔案（CAP）大綱

我們建立了一個檔案，你可以在這裡描述與捕捉你按著這本手冊與一個群體進行的活動結果：http://ethnodoxologyhandbook.com/manual。 本質上，它重述了本手冊的許多部分，讓你知道應該把進行活動後的結果記在哪裡。另外，你需要將大寫的單詞替換成適合自身處境的單詞。例如，將「群體名稱」替換成你所合作的群體名稱，比如，傣族，苗族，或者彝族之類。你可以隨意修改你的 CAP 結構、類別和內容。以下是一個尚待填寫的 CAP 目錄範例。

〈群體名稱〉

藝術倡議者姓名：
本檔案代表的工作日期：

總結計畫、活動、結果

- 完成「共創本土藝術」整個流程（無論完成程度如何）
- 研究過的事件／活動，與體裁清單（無論完成程度如何）

「共創本土藝術」流程：
〈序號〉，為著〈國度目標〉

第一步：接觸當地群體及其藝術體裁
- 初步接觸一個群體
- 初步接觸該群體的藝術
- 初步接觸該群體的目標
- 開始探索該群體生活的社交與概念
- 概括實踐這個步驟的結果與挑戰

第二步：指明國度目標
- 協助群體以發現國度目標
- 描述一、兩個現在關注的目標
- 概括實踐這個步驟的結果與挑戰

第三步：連結藝術體裁以達國度目標
- 描述此體裁相關的效果、內容、場合及討論過程
- 列出選取的效果、內容、體裁及場合
- 概括實踐這個步驟的結果與挑戰

第四步：分析藝術體裁及其應用場合
- 決定你要做的研究
- 著手研究，把研究結果填入下面「藝術體裁描述」的部分
- 概括實踐這個步驟的結果與挑戰

第五步：激發創意
- 描述熟悉的創作方法
- 識別可開拓的機遇和需克服的障礙
- 決定活動的類型
- 設計新的活動或調整某個現有的活動，協助群體達到他們的目標
- 實踐活動
- 概括實踐這個步驟的結果與挑戰

第六步：改進創作成果
- 選擇與調整評估與改進的途徑
- 實踐上述途徑進行評估與改進
- 概括實踐這個步驟的結果與挑戰

第七步：慶祝新作品的誕生並推廣傳承
- 選擇所要結合慶祝的
- 制定行動計劃以保持良好的進展
- 概括實踐這個步驟的結果與挑戰

藝術體裁描述：〈體裁名稱〉

A. 分析場合：事件／活動名稱
- 簡述
- 初步接觸一個文化事件
- 不同鏡片下一個文化事件的效果

B. 事件／活動的藝術面
- 音樂
- 戲劇
- 舞蹈
- 口傳藝術
- 視覺藝術
- 此場合形式元素之間的相互關係

C. 事件／活動所處的文化情境
- 藝術家
- 創意
- 語言
- 傳播與改變
- 文化動能
- 身份認同與權力
- 美學
- 時間
- 情感
- 內容
- 所展現的群體價值觀
- 社群資源投入

D. 探索該基督徒群體如何在藝術上與其更廣的教會以及所處的文化情境相聯繫：教會名稱
- 發掘該基督徒群體的藝術
- 比較該基督徒群體及其周邊群體所使用的藝術
- 評估目前藝術如何實現該基督徒群體的目標
- 使用「共創本土藝術」手冊中提供的工具，特別是心靈藝術問卷和敬拜之輪
- 以聖經原則評估敬拜聚會
- 評估多元文化基督徒群體的藝術
- 盡可能完善地闡釋聖經

關鍵參考資源（二）

扼要決策重點

下面的格式將幫助你簡述一個群體從步驟一、二到三的決定。

_____ 將準備在
（群體）

_____ 用
（場合）

_____ 來演繹
（體裁）

_____ 以期待人們產生
（內容）

_____ 讓
（對人的影響）

_____ 得以邁向
（群體）

_____ 。
（國度目標）

關鍵參考資源（三）

共創本土藝術（CLAT）概要

1. **接觸當地群體及其藝術體裁** – 探索目標群體中現有的社會與藝術資源。

2. **指明國度目標** – 發掘群體想要實現的國度目標。

3. **連結藝術體裁以達國度目標** – 選擇一個可以幫助該群體達到其目標的藝術體裁。選取一個藝術群體,能夠在創作中產生有目的的創造力。

4. **分析藝術體裁及其應用場合** – 將其應用場合整體描述一下。把它的藝術形式作為藝術來描述;描述其形式與所處的文化情境之間的關係。有關藝術形式詳盡的知識對激發創意靈感至關重要,對改進所創作的作品也很重要,並且對於將新作品融入群體來說,也是必要的。

5. **激發創意** – 推行該群體在這個體裁中選定的激發創意活動。

6. **改進創作成果** – 評估激發創意活動的結果,力求更好。

7. **慶祝新作品的誕生並推廣傳承** – 為這樣新型的創作得以在未來延續,而制定並推行計劃。識別更多能夠用以展演新舊藝術作品的情境。

www.ingramcontent.com/pod-product-compliance
Lightning Source LLC
Chambersburg PA
CBHW081405070526
44583CB00020B/2687